Cómo entrar al reino de la felicidad

Guía para salir de la insatisfacción

Carlos Mraida

Cómo entrar
al reino de la felicidad
Guía para salir de la insatisfacción

Planeta

Mraida, Carlos
    Cómo entrar al reino de la felicidad.- 1ª ed. – Buenos Aires :
Planeta, 2010.
    256 p. ; 21x14 cm.

    ISBN 978-950-49-2304-6

    1. Superación Personal I. Título
    CDD 158.1

Diseño de cubierta: Departamento de Arte de Editorial Planeta
Diseño de interior: Orestes Pantelides

2010, Carlos Mraida

Derechos exclusivos de edición en castellano
reservados para todo el mundo:
© 2010, Grupo Editorial Planeta S.A.I.C.
Publicado bajo el sello Planeta®
Independencia 1668, C 1100 ABQ, Buenos Aires, Argentina
www.editorialplaneta.com.ar

1ª edición: mayo de 2010
5.000 ejemplares

ISBN 978-950-49-2304-6

Impreso en Artesud,
Concepción Arenal 4562, Capital Federal,
en el mes de abril de 2010.

Hecho el depósito que prevé la ley 11.723
Impreso en la Argentina

A mi familia VIP:
Silvana,
Gabriel, Florencia y Ezequiel.
Ellos verdaderamente son
las *Personas Más Importantes* en mi vida.

VIP: ¿*Personas Muy Importantes* o *Personas Muy Insatisfechas*?

Ha llegado a ser tapa de las mejores revistas de moda. Su sonrisa gana la admiración de todos. La revista *People* la incluyó entre las más hermosas del mundo y *Lancôme* la escogió para que fuera el rostro de su nueva fragancia *Magnifique*. La imagen de Anne Hathaway, la joven actriz de la saga *El diario de la Princesa, El diablo viste a la moda*, nominada para el Oscar por su interpretación en *La boda de Rachel*, es reconocida por todo el mundo. O mejor dicho, por casi todo el mundo. Porque una noche estaba invitada a una fiesta de personalidades VIP, en el hotel Gramercy Park de Nueva York, pero no pudo entrar. Aunque considerada VIP, el personal de seguridad del hotel no reconoció a Anne Hathaway y le prohibió el paso[1].

Hay muchas personas que darían todo por ser parte del mundo VIP, pero no tienen entrada a ese selecto universo de personalidades, millonarios, celebridades del cine, la TV y la música. Para esas personas, acceder a él significaría «haber llegado» o llegar a «ser».

Nos encanta clasificar y calificar a la gente. Generalmente, la intención que subyace es la de marcar distancia con el otro. Y en la mayoría de los casos, la motivación es poder sentirnos más importantes, ya sea etiquetándonos a nosotros mismos con un rótulo que nos revista de jerarquía ante los ojos de los demás, o en su defecto, catalogando a los demás con nombres despreciativos, de manera tal que, si logro bajar al otro con la etiqueta, entonces yo me pueda sentir más.

Lo cierto es que en nuestra sociedad usamos la categoría VIP. Se trata de un acrónimo que viene del inglés y que corresponde a las iniciales de *Very Important Person*, es decir *Persona Muy Importante*. La expresión fue acuñada por la Fuerza Aérea Real Británica, en los años cuarenta. Con el tiempo su uso comenzó a ampliarse, y ahora también se refiere a espacios, ambientes, sectores, productos reservados a personas destacadas. Por ejemplo, en algunos aeropuertos o lugares públicos y privados hay salas VIP. En determinados auditorios hay sectores VIP. En algunos clubes, hay una categoría de miembros que son llamados VIP. Hay entradas gratuitas, que se las llama «pases VIP». Pero todos estos espacios o privilegios están relacionados con personas a las que se las considera VIP, *Personas Muy Importantes*, porque son famosas o se destacan en algo, o porque son millonarias, o se mueven en ambientes de nobleza o de la alta sociedad.

En general, las celebridades VIP son identificadas como personas que tienen *glamour*. De origen inglés, luego afrancesada, la palabra fue mencionada en un libro de magia que otorgaría el secreto del «eterno encanto» (*glamour*). Por lo tanto, tener *glamour* es poseer prestancia, saber estar, manifestar cierta superioridad entre los de su clase. Y las personas que tienen ese «toque», ese encanto, llamado *glamour*, son consideradas VIP, *Personas Muy Importantes*, y gozan de ciertos privilegios.

Una palabra que también se usa para describir a celebridades VIP es *chic*. Significa elegancia, buen gusto en el vestir, o estar a la moda[3]. Hay personas que carecen por completo de esta elegancia o prestancia, y sin embargo también se las considera VIP: son las personas con *alcurnia*. La palabra deriva del árabe *alkúnya*, y significa ascendencia, linaje, especialmente el noble[4]. De este modo, los que pertenecen a familias ligadas con la nobleza son considerados VIP. Asimismo, son destacadas con esta categoría las personas llamadas *socialités*, es decir, aquellas que no tienen talentos especiales, pero que se destacan por sus habilidades para moverse en la alta sociedad.

Ahora bien, como en nuestro mundo capitalista las condiciones principales para ser considerados *Personas Muy Importantes* es tener dinero y poder, también los millonarios, los políticos y los gobernantes entran en esta categoría. Y por último, aquellos que forman parte de la cultura del show y del entretenimiento (artistas, principalmente actores y músicos, y deportistas de alto rendimiento) son personalidades VIP por excelencia.

En síntesis, nuestra sociedad considera *Personas Muy Importantes* a los artistas, a los deportistas, a los ricos, a las modelos, a los políticos y gobernantes, a la gente de la alta sociedad. La mayoría de ellas comparten el tener dinero y fama o popularidad y el haberse ganado la admiración de la gente.

Los que no son VIP, desearían serlo. Porque lo que se esconde detrás de ese deseo es la suposición de que

11

las personalidades VIP, tienen todo lo necesario para ser personas felices. Sin embargo, cuando uno lee sus historias de vida, cuando escucha sus confesiones, cuando oye las noticias sobre sus escándalos, entiende que VIP podrá ser sinónimo de *glamour*, de alcurnia, de riqueza, poder y fama, pero no necesariamente es sinónimo de felicidad.

Por eso el interrogante con el que titulamos esta introducción, creo que es apropiado. Básicamente, es preguntarnos si VIP significará *Very Important Person*, es decir, *Persona Muy Importante* o, como muestra la vida de muchas de esas celebridades, significará *Very Insignificant Person*, esto es, una persona carente de significado o, para seguir con el juego de las iniciales y usar una palabra más corriente en nuestro idioma, una *Persona Muy Insatisfecha*.

La fama, la popularidad, el talento artístico y la correspondiente admiración del público dan acceso al mundo VIP, pero no aseguran la felicidad, como lo veremos en las historias que iremos compartiendo a lo largo de este libro. El actor de cine preferido de muchos es Dustin Hoffman. Siete veces nominado al Oscar, y ganador dos veces del máximo premio, por sus actuaciones en «*Kramer vs. Kramer*» y «*Rainman*». Su talento extraordinario le ha permitido ser uno de los actores mejor pagados de la industria. Por lo tanto, posee talento, dinero, éxito, reconocimiento, admiración. Alguien auténticamente VIP. Cualquiera podría decir: «Dustin lo tiene todo». Sin embargo, en un reportaje a la revista *Time*, el gran actor se confiesa y dice: «No sé lo que es la felicidad. ¿Vida, libertad, y la búsqueda de la felicidad?... Uno debería tachar felicidad. Camina por la calle y mira las caras. Cuando exiges felicidad, ¿no estás pidiendo algo irreal?»[5]. Aunque no lo declaren abiertamente, son muchas las personas que, al igual que el extraordinario actor, han tachado en sus vidas la posibilidad de ser felices.

Muchas personalidades VIP sufren el «síndrome Batman». Campo Ricardo Burgos López se pregunta ¿por qué Batman no es feliz? En uno de los primeros números del cómic, alguien le pregunta a Bruce Wayne[6] si es feliz, y el súper héroe responde diciendo que «eso no importa». Y a lo largo de todos los números de la historieta permanentemente se deja ver que Batman no es feliz. Es decir, la historieta afirma que un hombre rico, poderoso, *playboy*, y como si fuera poco con una vida llena de aventuras, no es feliz; por el contrario, es un hombre sombrío y desesperanzado.

Esto rompe con un mito. Como dice Burgos López, el mensaje constante que a diario recibimos es: «Si logras ser millonario, serás feliz», «si alcanzas el poder, serás feliz», «cuánto más consumas, más feliz serás», «cuántas más mujeres u hombres seduzcas, más feliz serás», «cuánto más placer te proporciones, más feliz serás», «si vives una vida llena de aventuras que hagan que más adrenalina le descargues a tu torrente sanguíneo, serás más feliz». Y de pronto nos encontramos con que debajo del disfraz de Batman se esconde un hombre que cuenta con todo lo que los medios masivos han instalado en nuestra cultura como afirmaciones ciertas y fórmulas seguras de felicidad, y a pesar de eso no es feliz.[7]

Por supuesto no estamos diciendo que alcanzar el éxito o prosperar económicamente sea algo malo.

Woody Allen dice: «El dinero no da la felicidad, pero procura una sensación tan parecida, que se necesita un especialista muy avanzado para verificar la diferencia». Muchas personas a quienes les gustaría ser parte del club de los millonarios VIP, suscribirían a las palabras del genial Woody Allen. Sin embargo, la realidad de las personas VIP, de los que ya disfrutan de las riquezas, manifiesta que el tener dinero no equivale necesariamente a vivir una vida plena.

El diario español *20 Minutos*, publicó un listado de trece millonarios, ganadores de la lotería. Jake Whittacker ganó 215 millones de euros, que no le sirvieron para ser feliz. Fue arrestado por conducir borracho, derrochó su dinero en casinos, gastó 70.000 euros en un show de *strippers*, y le pasaba dinero a su nieta que murió de una sobredosis de drogas. Ralph Stebbings ganó 142 millones de euros y anunció que dejaría de trabajar para comenzar a viajar por el mundo. Pero la magia duró poco. Al poco tiempo fue arrestado por posesión de armas, al intentar asesinar al novio de una de sus hijas. Con sólo cuarenta y ocho años, murió a causa de un infarto. Billie Bob Harrell ganó 21 millones de euros. Dos años más tarde su familia lo encontró muerto: se había suicidado. Jeffrey Dampier ganó 13 millones de euros pero fue secuestrado y asesinado de un disparo en la nuca. Janite Lee ganó 12 millones de euros, pero terminó en la quiebra. William Post ganó 11 millones de euros, que le cambiaron la vida… para peor. Su ex novia lo demandó, su hermano lo quiso asesinar, y la familia lo hizo meterse en negocios que lo llevaron a la bancarrota y a la cárcel; murió con sólo sesenta y seis años. Rhoda Toth ganó 9 millones de euros. Con su esposo fueron acusados de evasión de impuestos, y vivieron en la absoluta pobreza. Su marido murió. Ella terminó en la cárcel por querer engañar al fisco. Michael Carroll ganó 11 millones a los diecinueve años, pero terminó en la cárcel por diversos delitos. Shefik Tallmadge ganó más de 4 millones y medio de euros y también terminó en bancarrota. Evelyn Adams ganó la lotería dos veces, y terminó viviendo en una casa rodante. Suzanne Mullins ganó 3 millones de euros. Once años después, la pobre mujer debe al banco más de 105.000 euros. Willie Hurt estaba felizmente casado, era padre y tenía una vida social activa antes de ganar los 2 millones. Dos años más tarde se había gastado todo el dinero en su divorcio y en cocaína, fue acusado de asesinato y perdió el contacto con su familia. Y por último, Vivian Nicholson, cuyo caso es de los más famosos, incluso han hecho una obra de teatro con su vida. Esta inglesa ganó 2 millones de euros. Enviudó y se casó cinco veces, sufrió un derrame cerebral, tuvo que desintoxicarse del alcohol, intentó suicidarse e ingresó en una institución mental, y terminó viviendo con una pensión inferior a 100 euros.[8]

La alcurnia de la realeza y de la alta sociedad tampoco es garantía de inmunidad. Ejemplo claro de ello son las princesas de Mónaco, Carolina y Estefanía. Matrimonios que nunca cuajan, *playboys* que se aprovechan de ellas, infidelidades... Todos conocemos la historia de Cristina Onassis, hija del multimillonario naviero griego Aristóteles Onassis, y heredera de su imperio, quien vio marcada su existencia por la tragedia. Al igual que Diana de Gales, que tuvo que soportar las infidelidades de su esposo, el asedio de la prensa, y el rechazo de la realeza que la tildaba de insegura, desequilibrada y loca. Su vida terminó trágicamente en el Puente de Alma, junto al multimillonario Dodi AlFayed, hijo del magnate dueño de los almacenes Harrods, en Londres[9].

Este libro apunta a que los lectores que son considerados por nuestra sociedad como VIP, es decir, personas que han alcanzado el éxito y el reconocimiento en sus profesiones, puedan recibir ayuda para dejar de ser personas insatisfechas. Y que aquellos que no son VIP, pero quisieran serlo, puedan entender que la mayoría de las personas que tienen dinero, fama, poder, se consideran a sí mismas como personas insatisfechas. Y entonces, también puedan entender que él éxito y la felicidad son caminos diferentes.

¿Esto significa que para ser felices hay que ser unos fracasados? Por supuesto que no. Es mi deseo que todas las personas prosperen, se destaquen, obtengan éxito en sus profesiones y reciban el reconocimiento que merecen por sus labores. Pero lo que más deseo es que las personas vivan vidas plenas, llenas de alegría, paz, amor. Que sean personas felices. Y felicidad y éxito son carreras diferentes.

¿Significa que es negativo ser VIP o una personalidad destacada en nuestra sociedad? ¿Acaso las personalidades VIP están condenadas a la infelicidad? Obviamente que tampoco. En el último capítulo relataré historias de vida de personalidades que han logrado éxito en sus profesiones, pero sobre todo declaran ser felices. Y esto es lo más importante. Porque como decía Aristóteles: «Todos los seres humanos a pesar de perseguir metas distintas, buscan y anhelan lo mismo: la felicidad».

Pero si nos negamos a seguir la sugerencia de Dustin Hoffman acerca de tachar la posibilidad de ser felices, cabe preguntarse: ¿Cuando hablamos de felicidad, de qué estamos hablando? Las distintas culturas tienen diferentes conceptos para la felicidad, manifestados en sus palabras. Para los anglosajones la felicidad es algo diferente de lo que es para los latinos. Para ellos, la palabra «feliz» es *happy*. Deriva del verbo *happen*, que significa suceder. Para un estadounidense ser feliz significa que sucedan cosas, que haya sucesos, que se logren éxitos en la vida. Y para los latinos ¿qué será ser feliz? La palabra «feliz» deriva de una raíz indoeuropea, *dhe*, que significa succionar el pecho de una mujer, mamar. La palabra latina es *felix,* con su plural, *felices.* Y viene del verbo *fellare,* que significa chupar, mamar[10]. Así que para los latinos la felicidad no consiste tanto en lograr cosas, sino que está relacionada con lo afectivo, con lo familiar.

En nuestra cultura presente tenemos una mezcla de cosas. Porque aunque somos latinos, la globalización ha hecho que adoptáramos mucho de la visión de la vida de la cultura estadounidense. Y surgen varios problemas. El primero es que muchos pueden decir que se sienten realizados en su profesión, que son exitosos en los negocios, pero no pueden decir que son felices. El segundo problema es que también hay muchos que han logrado formar una buena familia, que están bien afectivamente, pero tampoco se sienten plenos en la vida. Un tercer problema es que algunos, conscientes de ambas realidades, se han sentido trágicamente tironeados de un lado y del otro. En su afán de ser exitosos descuidan la familia, y no pueden ser felices. Y los otros, en su deseo de dedicar atención a la familia, no se desarrollan en su profesión, y se sienten frustrados.

La cuestión se complica aún más para las mujeres. La sociedad las obliga a ser profesionales, empresarias, políticas exitosas y al mismo tiempo amas de casa responsables que atienden a su esposo y a sus hijos. El comunicador social Carlos Abad[11] dice que la sociedad las obliga a ser Susanita, la amiga de Mafalda, que sueña con casarse y tener muchos hijos, y al mismo tiempo a ser Hillary Clinton.

Y mientras tanto las personas ya se han acostumbrado tanto a no ser felices que apenas lo notan. Como alguien dijo, esto es como la gente que vive al lado de las vías de un tren: después de un tiempo dejan de oír su paso. ¡Por favor, no te acostumbres! Que no se te pase la vida, porque de lo que se trata es de ser felices.

Más de una vez nos quedamos con falsas imitaciones de felicidad. Por ejemplo, tratar de «comprar» la felicidad. Creer que ser feliz equivale a *tener*. Pero tener no es ser feliz. Con mucho sarcasmo Groucho Marx dijo: «La felicidad está hecha de las pequeñas cosas: un pequeño yate, un pequeño palacio, una pequeña fortuna». Celebramos la ironía, porque no somos tontos, y sabemos que tener facilita la vida, y que no tener lo necesario la complica. Pero, ¡cuántas personas atiendo que tienen de todo y se sienten vacíos! Yo no creo que las personalidades VIP sean más infelices que el resto. Creo que, en general, tienen mayor consciencia de su insatisfacción que el resto. No por una cuestión de inteligencia, sino por una cuestión de necesidades.

Abraham Maslow desarrolló en su obra *Una teoría sobre la motivación humana* la conocida pirámide de las necesidades humanas. Él sostiene que a medida que se satisfacen las necesidades más básicas, parte inferior de la pirámide, los seres humanos buscan cubrir deseos más elevados, parte superior de la pirámide. En la base de la pirámide están las necesidades fisiológicas. Luego, sigue el nivel de seguridad. El tercer escalón es el de la pertenencia, del amor. Luego viene el nivel del reconocimiento. Finalmente, la autorrealización: moralidad, espiritualidad, trascendencia, propósito.

Las personalidades VIP tienen cubiertas sus necesidades básicas fisiológicas y de seguridad. El resto de la gente dedica la mayor parte de su tiempo, esfuerzo, atención y sueños a tratar de satisfacer estos dos primeros escalones. Pero las celebridades, los millonarios, los exitosos, han logrado transitar estos dos niveles, y entonces tienen sus sentidos más atentos a percibir su necesidad de amor, aceptación, aprobación, paz, libertad, sentido, propósito, futuro, trascendencia. Ser VIP no te hace más infeliz, pero acrecienta la sensación de impotencia.

El rico observa que, a pesar de sus múltiples riquezas, es incapaz de comprar la felicidad. Y el famoso se da cuenta de que la popularidad no le ha hecho sentirse más pleno. Y el poderoso, cual una droga, busca una dosis cada vez mayor de poder, al tiempo que su sentido de insatisfacción también crece de manera proporcional. El filósofo francés Pascal Bruckner escribió que por primera vez en la historia vivimos en una sociedad donde las personas son «infelices de no ser felices».

Y la gran trampa es que si no logras tener todo lo que la sociedad te sugiere que debes tener, vives creyendo que no puedes ser feliz. Y si, por el contrario, logras tener todo lo que el sistema estima como necesario, igual te sientes vacío, y crees que de lo que se trata es de tener más, y cuando tienes más, y sigues sin ser feliz, buscas más. Una encuesta Gallup establece que sólo el 0,5% de los estadounidenses creen que son ricos. Y el 99,5% cree que deben tener más para ser felices. Pero «tener» es una cosa, y «ser» es otra.

También hemos creído que ser feliz es *parecer*. Y todo nuestro mundo gira alrededor del parecer. Bruckner dice que el ser humano hoy sufre por no querer sufrir y es capaz de enfermar a fuerza de buscar el cuerpo perfecto, el estilo de vida perfecto[12].

Luego, caemos en la trampa del *hacer*. Y nos convertimos en activistas frenéticos, a ver si al estar súper ocupados, podemos sentirnos importantes como para ser felices, o al menos taponamos lo más que podamos la desdicha en nuestro interior.

Nos dicen que seremos felices si logramos. Si *«happen»*, si algo sucede, seré *«happy»*, alguien feliz. Y entonces vivimos persiguiendo cosas, y logros, y metas. Y todo eso está muy bien. Pero como me dijo un hombre de treinta y cinco años: «Carlos, ya logré todo en la vida, y ¿ahora qué? Me voy a meter en política, no por vocación, sino para ver si logro activar la adrenalina. Aunque sé que tampoco me va a llenar». Ese hombre es la personalización del «fracaso del éxito». Claro, porque puedes llegar a ser un exitoso en todo, y sentirte vacío. La felicidad, entendida como logro de cosas, de estatus, de reconocimiento de los demás, de objetivos profesionales, una vez conseguido, deja, sin embargo, un vacío en nuestro ser.

Entonces probemos con la definición latina. Felicidad es desarrollarse afectivamente. Los que están solos creen que si logran conocer a una persona a quien amar y de quien sentirse amados, entonces sí serán felices. Pero si tu expectativa de felicidad está puesta en otras personas jamás serás feliz. Dos personas se unen, los dos con la expectativa de ser felices cuando estén juntas. Es decir, un infeliz se junta con otro infeliz, y tienen la pretensión de ser felices. ¡Una locura!, sólo se puede dar lo que uno tiene. Por eso la gente vive casándose y separándose, y vueltos a casar y vueltos a fracasar. Éste tampoco es el camino a la felicidad. Por supuesto que tener alguien a quien amar, y ser amado, es muy importante en la vida, pero primero uno tiene que ser feliz.

Y si no lo eres, te puedes pasar la vida echando la culpa a los demás. «Fueron mis padres que no me dieron lo que necesitaba». «Es mi mujer que no me hace feliz», «es mi marido». «Es mi trabajo, donde no tengo reconocimiento». Y puede que todo eso sea cierto. Pero tu felicidad no es un problema de la exterioridad, sino de tu interior. Puedes seguir diciendo que no eres feliz porque no te dieron lo que necesitabas. Todas esas razones son excelentes excusas para explicar por qué no eres feliz. Pero ninguna de todas sirve para hacerte feliz. El cambio no deberá provenir de afuera, sino de adentro de ti.

Si al leer este libro todavía no pudiste suplir tus necesidades básicas, estas páginas te ayudarán a sacarte de la cabeza la fantasía engañosa de que si logras tener todo lo que la sociedad te dice que debes tener para ser feliz, entonces lo vas a ser. Vas a ver cómo muchísimas celebridades que lo tienen todo siguen insatisfechos en la vida.

Si eres alguien exitoso en tu profesión, que cubrió sus necesidades fisiológicas y de seguridad, si ya eres «miembro del club de las personas VIP», este libro te ayudará a encontrar el camino para transitar los otros niveles y cubrir tus necesidades de amor, aceptación, aprobación, paz, libertad, sentido, propósito, futuro, trascendencia.

La felicidad no aparece, se crea. Es fruto de nuestras elecciones. El problema es que hemos invertido el proceso. Y lo primero que deberíamos satisfacer, que es esa necesidad de «ser», lo ponemos al final. Primero «tener», luego «hacer», le sigue el «parecer», después «lograr», y por último «ser». Pero el proceso es a la inversa. Es hora de que pongamos los caballos delante del carro, y no a la inversa.

Nuestra búsqueda de felicidad es una búsqueda esencialmente espiritual que trae consigo consecuencias materiales y emocionales. Bruckner dice que el problema para esta búsqueda desesperada y vacía de felicidad en el hombre de hoy, es el haber abandonado los planteos espirituales, permitiendo que los asuntos terrenales pasen a tener una importancia desmedida que, al no responder a la necesidad de fondo, sume al individuo en la impotencia. Y en lugar de lograr la felicidad, vivimos bajo la tiranía de la euforia[13]. Pero esta efervescencia que las personas VIP conocen bien, no termina de llenar la necesidad interior. La gente pasa del placer a la angustia, y de la angustia al placer, sin conocer la felicidad.

Ahora bien, ¿qué pasa si probamos otro camino? Si comenzamos por el principio. Si buscamos respuestas espirituales a nuestra vida. Si en lugar de buscar satisfacer nuestra necesidad espiritual con el tener, el parecer, el hacer, el lograr, y sentirnos más descontentos, encontramos una respuesta espiritual que nos haga experimentar la plenitud de «ser». Entonces, prosperaremos, pero no para «ser», sino porque somos. Perseguiremos metas y logros, pero no para ver si alcanzamos a sentirnos llenos, sino como una expresión de lo que ya somos, personas plenas. Amaremos y seremos amados, pero no para que otro nos haga felices, sino porque somos felices.

Las historias de las celebridades nos ayudarán a plantearnos las cuestiones esenciales de la vida y encontrar respuesta. Andre Agassi, el gran tenista, escribió un libro con confesiones de su insatisfacción, con un propósito: poder ayudar a los demás que viven vidas insatisfechas. Las menciones que haremos de personalidades a lo largo del libro tienen ese mismo fin. No son citas amarillistas, ni nos regodeamos en el dolor o en la equivocación ajena. No somos mejores que ellos. Todos ellos han logrado más que la mayoría. Al menos son exitosos. Pero sus vidas, expuestas en la vidriera de la popularidad, nos muestran lo que la mayoría vive también en el anonimato. Nos obsesionamos con la felicidad, nos obligamos en una carrera incesante hacia ella, pero nos quedamos vacíos de ella. Lo que más deseamos es lo que menos experimentamos.

Y entonces ¿qué? ¿Tendremos que hacerle caso a Dustin Hoffman y tachar de la lista de nuestras expectativas a la felicidad? Sencillamente no. Porque lo que resulta imposible no es la felicidad, sino que lo imposible es tachar la felicidad de nuestros anhelos más profundos. Por más que lo intentemos, el deseo de ser felices permanecerá invicto. Y lamentablemente, al negar esa dimensión espiritual, seguimos desarrollándonos únicamente en los ámbitos que precisamente no pueden responder a esa necesidad, y nos hacen sentir más insatisfechos. Pero si está en nuestro corazón ese deseo, es porque hay un correlato en la realidad que nos pueda dar satisfacción. Eso sí, no la encontraremos en el nivel de las cosas, ni de las personas, ni de los logros, porque la felicidad pertenece a una categoría diferente. La del espíritu.

Fuimos creados a imagen y semejanza de Dios. Nuestra esencia es espiritual. Y sólo en una relación espiritual viva con el Creador es que encontraremos plenitud. Alcanzaremos entonces el éxito en lo que hacemos y crecimiento en lo que tenemos, pero sobre todas las cosas, experimentaremos plenitud en lo que somos. Seremos personas felices. ¿Se puede? ¡Claro que sí!

CAPÍTULO 1
Personas Muy Insatisfechas por falta de amor

El tránsito vehicular es un verdadero caos. La congestión provocada por miles de automóviles resulta interminable. Decenas de miles de personas están encendidas en un fervor increíble, en medio del Knebworth Park de Gran Bretaña. En el escenario, un hombre aparece encadenado y tendido boca abajo, capturando la atención de todos los presentes.

En el mismo sitio donde en otras oportunidades bandas como los Rolling Stones y Led Zeppeling hicieron sus presentaciones, ahora Robbie Williams inicia una de las tres noches que harán batir el récord de convocatoria, y le permitirán entrar en la historia de la música. A lo largo de tres días el *showman* preferido de Gran Bretaña actuó ante 375.000 fanáticos, desbancando el anterior récord ostentado por Oasis. En pocos días más su primer álbum grabado en vivo saldría a la venta, convirtiéndose en el álbum en vivo más vendido en el Reino Unido. Lo mismo sucederá con la venta de DVD.

Pero esa imagen de alguien encadenado y boca abajo refleja algo más, aunque Robbie no lo sepa. Porque cuando todo pareciera que para este joven la vida se le presenta gloriosa, sin embargo la realidad de su vida privada se parece más a la primera imagen de su show, encadenado y boca abajo, que al ambiente de la última canción con la que cerró el espectáculo: *Angels*. En todo caso, pareciera que los ángeles que rodean al astro son ángeles caídos. Porque este muchacho famoso desde los diecisiete años, estrella híper exitosa, símbolo sexual, prueba el sabor del infierno.

En una oportunidad su padre lo miró fijamente y le recriminó: «no deberías estar deprimido, deberías estar en la piscina y disfrutar esta gloriosa vista». Robbie no le contestó, porque él tampoco entiende bien qué le sucede y cuál es la causa de sus fantasmas anímicos. Lo que sí sabe es que debe seguir tomando pastillas antidepresivas. Siente que si no lo hace, todos sus temores reaparecerían como una loca y multitudinaria manifestación.

Por lo pronto no puede dejar de estar acompañado. No soporta estar solo. El periodismo dice que le sería imposible realizar una lista de las mujeres que pasaron por su cama. Sin embargo, eso no lo llena. Sus declaraciones a la prensa afirman su deseo ferviente de formar una pareja estable y experimentar la realidad de amar y ser amado sanamente.

Mucho más que las pastillas, lo que Robbie Williams necesita es estar con alguien que lo ame, porque lo cierto es que, este joven que lo tiene «todo», no es otra cosa que un muchacho que busca amor desesperadamente. Esa imagen de Williams encadenado y boca abajo describiendo su realidad personal, se completa con su tatuaje que dice: «All you need is love» («Todo lo que tú necesitas es amor»).[14] No cabe duda de que Robbie Williams es una personalidad VIP. La pregunta en su caso particular es: ¿VIP querrá decir *Persona Muy Importante* o *Persona Muy Insatisfecha*?

No hace falta ser una megaestrella del *show business* para sentirse de esta manera a causa de la falta de amor. Como quien se mete en un laberinto e intenta por muchos caminos y se equivoca una y otra vez, así millones de personas sufren de la misma causa de insatisfacción sin ser conscientes de su necesidad de amor, y se autoengañan pensando que sus vidas serían diferentes si lograran fama, o más dinero, o más popularidad, o más éxito, o más reconocimiento.

Lo que el padre de Williams no entendió cuando le hizo esa recriminación, es que no alcanza con una piscina majestuosa y una vista maravillosa. Que no es suficiente dar cosas, o tener cosas. Que los seres humanos necesitamos imperiosamente amar y ser amados. La falta de comprensión de esto no es exclusividad del padre de Robbie, sino que es compartida por millones.

En efecto, desde que nacemos nos ponen delante de nuestros ojos la zanahoria del éxito, para que lleguemos a ser *Personas Muy Importantes*. Y así como se amaestra un caballo, somos adiestrados para perseguir el avance económico y profesional. Progresos necesarios, buenos y absolutamente legítimos, siempre y cuando no nos hagan perder de vista la esencia de nuestra naturaleza que es amar.

Cuando atiendo a padres que manifiestan su angustia por la situación de sus hijos, involucrados con drogas o en malas compañías, uno ve un mínimo común denominador. La falta de presencia paterna. La mayor parte de las veces tiene que ver con que los padres deben trabajar los dos y muchas horas. Y lo hacen con la buena intención de dar a sus hijos «lo mejor». Claro, «mejor» para ellos significa lo material. Y es entendible, porque todos deseamos que nuestros hijos tengan oportunidades de educación, de progreso material, de desarrollo vocacional. Pero, desgraciadamente, el costo es que los hijos se crían necesitados de presencia y amor paternos. Y el problema no es sólo para las clases más necesitadas. La gente VIP también está sufriendo esto. Una adolescente perteneciente a una de las familias más pudientes de Argentina, educada en uno de los colegios más prestigiosos y caros, comenzó a tener comportamientos violentos, antisociales. Cuando su padre le preguntó: «¿Por qué?, ¿acaso no te di todo? ¿Qué es lo que te falta?», la chica le respondió: «me falta el amor de un papá».

En las clases medias y altas, no se trata de un abandono obligado por la necesidad material. La necesidad es de «realización», de «llegar a ser». Y entonces, la gente corre detrás de estas «carnadas» sin darse cuenta de que son cebos que esconden anzuelos letales. La sociedad nos hace creer que somos personas «orientadas a las metas», gente «proactiva». Y ambas cosas son maravillosas, porque nos permiten alcanzar logros en la vida. El problema es cuando nuestra vida está orientada a todas las metas, menos a la más importante que es la de sentirnos plenamente amados. El problema es cuando somos proactivos en todo, menos en dar amor.

Y entonces crecemos económicamente, progresamos profesionalmente, como Robbie Williams tenemos una piscina maravillosa, pero su mismo tatuaje está cincelado, no en nuestros brazos, sino en nuestro corazón: «todo lo que necesito es amar». Y aunque uno haya formado una familia, tenga una esposa o esposo, hijos, no tenemos tiempo para ellos, en gran medida también porque no hacemos el tiempo, porque no sabemos amar. Nos enseñaron a hacer dinero, a hacer negocios. En la Universidad nos enseñaron a ser buenos abogados, médicos, arquitectos, ingenieros. Pero nadie nos enseñó a amar. Y como no sabemos, vivimos centrados en nosotros mismos, cosificamos a los otros, echamos a perder cualquier relación.

¿Será por eso que cuando estamos «obligados» a tener tiempo, porque estamos de vacaciones, no sabemos estar en familia y tenemos que «hacer algo»? La mayoría de las separaciones matrimoniales se producen inmediatamente después de las vacaciones, porque allí la pareja toma conciencia de que no pueden estar juntos, de que no saben amar.

Uno de los enemigos principales del amor es el temor. Y hoy se vive con miedo a establecer relaciones que impliquen un compromiso serio. Zygmunt Bauman es uno de los analistas más precisos de la realidad que nos toca vivir. Entre sus muchos escritos que describen la cultura de hoy en día, hay uno que se llama *Amor líquido*. Y trata acerca de la fragilidad de los vínculos humanos. Ésa es la característica de nuestro tiempo. Relaciones personales líquidas, chirlas, momentáneas, diluidas, licuadas. Bauman dice que el ser humano hoy en día vive desesperado por relacionarse, y al mismo tiempo desconfiando en todo momento de asumir un compromiso perdurable en sus relaciones amorosas. Siente que asumir un compromiso serio y perdurable puede convertirse en una carga para la cual cree que no está preparado, para poder soportarla. De esta manera le escapa a cualquier compromiso verdadero, serio, permanente. Y al mismo tiempo lo que más anhela en la vida es poder establecer una relación amorosa que le dé plenitud afectiva. Así, el ser humano de hoy está completamente dividido, y lleno de angustia, porque lo que más desea es aquello a lo que más le escapa[15].

¿Por qué tantas personas exitosas tienen tantas dificultades para establecer relaciones afectivas positivas y duraderas? Según la prensa, la súper premiada actriz estadounidense Renée Zellweger, es un ejemplo de esto. Uno de sus más grandes éxitos ha sido protagonizar el personaje de Bridget Jones, una soltera treintañera de la ciudad de Londres que trabaja en una editorial y ve cómo sus noches pasan solitarias junto a su sofá, su televisor, su bebida, sus cigarrillos y sus kilitos de más.

En la primera de las películas de la serie, *El diario de Bridget Jones,* ella dice: «De repente me di cuenta de que, a no ser que algo cambiara enseguida, iba a llevar una vida en la que mi relación más importante sería con una botella de vino. Y al final acabaría muriendo gorda y sola… Así que tomé una importante decisión. Para evitar acabar el próximo año como una cuba y escuchando clásicos del pop para treintañeros en emisoras de la FM, decidí tomar el control de mi vida». Fue entonces que Bridget se puso algunos objetivos. El principal fue: «encontrar un novio amable y sensato, y no seguir estableciendo lazos afectivos con ninguno de los siguientes tipos: alcohólicos, adictos al trabajo, fóbicos al compromiso, mirones, megalómanos, idiotas emocionales o pervertidos. Y sobre todo no soñar con una persona en concreto que encarne todas estas cualidades».

Evidentemente, Bridget Jones no tenía muy buen criterio a la hora de seleccionar pareja. Seguramente por otros motivos, a Renée Zellweger tampoco le ha ido muy bien en su vida privada. Ha estado unida sentimentalmente al actor Jim Carrey, pero la relación no perduró. También se la relacionó con el actor George Clooney y el músico Jack White, aunque fue el también músico Kenny Chesney con el que finalmente contrajo matrimonio. Pero a los cinco meses de matrimonio la actriz tejana pidió el divorcio alegando «fraude».

Ese temor a relaciones comprometidas conduce a que las personas asuman una actitud egocéntrica e individualista. Esta actitud solitaria e individualista se manifiesta también en una sexualidad egocéntrica, lo cual es una contradicción en sí misma. Así, la sexualidad sana, que es el fruto del amor de dos personas, termina desdibujándose en las caricaturas de la masturbación, la pornografía y la prostitución. Vicente Verdú ilustra bien esto en su libro *El estilo del mundo*, mencionando que los clientes principales de la industria porno son hombres jóvenes y de mediana edad, con un nivel de ingresos entre medio y alto, porque según la Sociedad de Psicología Americana, las dos actividades a las que le dedican más tiempo los jóvenes *traders* y *brokers* en torno a Wall Street son el *footing* y la masturbación[16].

La vida sexual del primer ministro italiano Silvio Berlusconi se ha convertido ya en un verdadero culebrón. La prensa italiana ha dicho que la justicia está investigando cinco fiestas celebradas en residencias oficiales del primer ministro, en las que pudo haber prostitución y consumo de cocaína[17].

Relacionarse es la prioridad número uno hoy en día. Y se trata de la prioridad número uno porque, precisamente, es la frustración número uno. Como las ratas de laboratorio que alcanzaban el pico máximo de agitación cuando la promesa de una comida apetitosa coincidía con la amenaza de una descarga eléctrica, de igual manera el hombre y la mujer de hoy se sienten shockeados porque lo que más desean es aquello a lo que más le temen. Finalmente lo que se tiene hoy en día, como dice Bauman, son relaciones «de bolsillo»; es decir, relaciones que se pueden sacar a luz en caso de necesidad, pero que también se pueden volver a guardar, o a sepultar en las profundidades del bolsillo cuando ya no son necesarias[18].

Es cierto, las relaciones afectivas hoy son como el jugo concentrado. Si se bebe el jugo sin diluir, resulta fuerte, empalagoso, repulsivo. Hoy las relaciones deben diluirse para que el hombre y la mujer se atrevan a establecerlas. Entonces sabemos que para que una relación afectiva funcione y nos dé plenitud, implica necesariamente compromiso. Pero al mismo tiempo por temor, marcamos la distancia, evitamos el compromiso, mantenemos todas las puertas abiertas permanentemente.

En una página Web hicieron un *ranking* de los famosos que reiteran sus fracasos amorosos. Y encabezando están Jennifer Aniston y Brad Pitt. La actriz fue abandonada por su ex marido, quien no tardó en encontrar la felicidad con otra actriz bella y seductora, Angelina Jolie. Les sigue en el desgraciado *ranking*, Nicole Kidman. Tras ser abandonada por su ex marido Tom Cruise, mantuvo una relación con el músico Lenny Kravitz y más recientemente con Keith Urban. Casada y con dos divorcios en su haber, Jennifer López no está ausente de la lista, tras cosechar dos sonoros fracasos con el rapero Diddy y el actor Ben Affleck[19]. Estos nombres son sólo algunas de las menciones de dicha página, pero en realidad, lamentablemente ilustran una regla generalizada, que va más allá de las figuras.

El simple hecho de decir «relación» o «establecer una relación» resulta ya una amenaza. Por eso hay tanta gente sola. Y al mismo tiempo sigue siendo la necesidad número uno. Pero como hasta la palabra «relación» asusta, ya ha sido reemplazada por otra palabra: *conexión*. La diferencia es que conexión da la idea de algo liviano, tan fácil de conectarse como de desconectarse. En una red, conectarse y desconectarse son opciones igualmente legítimas. Pero como bien dice Bauman, las conexiones no llenan de plenitud, como lo hace una relación satisfactoria. Son relaciones, pero relaciones virtuales. De fácil acceso y de fácil salida. Uno siempre puede oprimir la tecla «*delete*».

El famoso médico estadounidense Howard Murad, dermatólogo que atiende a las grandes *celebrities*, como Uma Thurman, Brooke Shields y Cheryl Tiggs, explica qué es el estrés cultural. «Tenemos una tecnología maravillosa, computadoras, celulares, iPods y blackberries, y eso es bueno. Pero conlleva un aspecto negativo, ya que el uso excesivo de estas tecnologías nos obliga a hacer cada vez más cosas, y tenemos menos tiempo para ser nosotros mismos. Usamos todo el tiempo el mail, en vez de estar realmente con la gente, hay una sensación de pérdida. Supuestamente, estas herramientas son para que estemos más conectados, pero logran que la gente hable menos, esté cada vez más aislada y tenga menos contacto físico personal, como abrazos, mimos y caricias, que resultan fundamentales para la salud emocional. Hay un verdadero poder curador cuando abrazamos y besamos a alguien. Es energizante»[20].

Obviamente, como decía Einstein, el problema no está en la tecnología, sino en el corazón del ser humano. Y por supuesto que este tipo de relaciones, o mejor dicho conexiones, no nos hacen felices. Quien entra en estas conexiones descomprometidas, como se siente insatisfecho, cree que la solución es desconectarse, y buscar una nueva conexión, al cabo de la cual se vuelve a desconectar. Y ante cada desconexión, cree, engañosamente que se comprueba su teoría de que no vale la pena establecer una relación comprometida. Lo que lo empuja a una nueva conexión, cada vez más líquida, cada vez más descomprometida y por ende cada vez menos satisfactoria.

Ceder para que la otra persona se sienta bien, cambiar cosas para que la pareja funcione, luchar frente a situaciones difíciles, pensar en el otro, resultan cosas pesadísimas, cargas insoportables, deberes agotadores. Mejor desconectarse. Sin embargo, el resultado es que con cada conexión y desconexión aumentan el vacío, el desencanto y la angustia. Se cree que el amor es una destreza que crece con el número de experiencias que uno tenga y la frecuencia del ejercicio. Pero esto es un engaño. La destreza que se adquiere es la de terminar rápidamente y volver al principio.

Bauman cita al Don Giovanni de Mozart que describía bien esto. Su compulsión a intentar nuevas relaciones, una y otra vez, pero al mismo tiempo asegurándose de que cada una de ellas no sea lo suficientemente fuerte como para interferir en intentos futuros, lo convertía ya no en un amante experimentado, sino en un impotente amador[21]. Un discapacitado para experimentar lo que todo hombre y mujer anhela: la vivencia de amar y ser amado significativamente. Lejos de aprender a amar, se trata del desaprendizaje del amor, la incapacidad aprendida de amar.

Joaquín Sabina describe en una de sus canciones lo que le sucede a muchas de las celebridades:

> *Buscando el tiempo perdido,*
> *Te has ido acostando con media ciudad*
> *Pero el gran amor no deshizo tu cama*
> *Y te aburriste de promiscuidad[22].*

¿Por qué si por la cama de las megaestrellas pasan decenas y cientos de personas, muchas de ellas no pueden establecer esa relación profunda de amor? ¿Acaso ninguna de las personas que pasan por sus vidas es apropiada? ¿Por qué una gran parte de los profesionales y de los empresarios experimentan fracaso matrimonial? ¿Por qué será que dos de cada cuatro se separan y forman una nueva pareja, pero tres de cada cuatro de estas nuevas relaciones vuelven a fracasar?

Así estamos, desesperados por amar y ser amados, y al mismo tiempo discapacitados para amar y ser amados. Lo que más anhelamos es de lo que más escapamos, porque es a lo que más tememos. Así que u optamos por el amor, el verdadero y nos comprometemos, o por el contrario optamos por el temor, y evadimos todo compromiso, sabiendo que jamás experimentaremos el auténtico amor.

Esta danza entre la necesidad de amar y el temor a amar, conduce a relaciones intermitentes que lastiman a las personas y las sumen en una gran inseguridad. Es lo que comúnmente llamamos relaciones «histéricas», del tipo: «te amo pero no estoy seguro», «te dejo, pero vuelvo». El exitoso cantautor Ricardo Arjona describe este tipo de relación con su canción «*Dime que no*»[23]:

> *Si me dices que sí, piénsalo dos veces.*
> *Puede que te convenga decirme que no.*
> *Si me dices que no, puede que te equivoques.*
> *Yo me daré a la tarea de que me digas que sí.*
> *Si me dices que sí dejaré de soñar y me volveré*
> *   [un idiota,*
> *Mejor dime que no y dame ese sí como un*
> *   [cuentagotas;*
> *Dime que no pensando en un sí*
> *Y déjame lo otro a mí,*
> *Que si se me pone fácil*
> *El amor se hace frágil y uno para de soñar.*
> *Dime que no,*
> *Y deja la puerta abierta.*

Dime que no
Me tendrás pensando todo el día en ti,
Planeando la estrategia para un sí.
Dime que no
Lánzame un sí camuflageado,
Clávame una duda
Y me quedaré a tu lado.
Si me dices que sí, se fugará lo incierto,
Y esa cosquilla en la panza cuando estás por
[venir.
Si me dices que no, seguiré conquistando
Descubriéndote cosas que ni tú te conoces.

Por supuesto, la letra revela una actitud enfermiza y enfermante. Antiguamente, cuando alguien tenía alguna dolencia o se sentía enfermo, y concurría a ver al médico de cabecera familiar, una de las primeras preguntas que el médico hacía era: «¿Quién no te quiso hoy?» Hoy las personas no van al médico de cabecera, pero igualmente se enferman por actitudes nocivas como las que la canción de Arjona describe. Ricardo Grus, médico y psicoanalista especialista en medicina psicosomática, en su libro *Historias del corazón. Caminos hacia el infarto,* dice que «los afectos que no se sienten devienen afecciones»[24].Y además, este «histeriqueo» a los fines del amor no produce resultados satisfactorios, sino que sumen a las personas en una mayor soledad, porque como dice una estrofa de la misma canción de Arjona[25]:

Siempre lo fácil me duró tan poco,
Y no lo niego, me divertí,

37

Pero la soledad me ha vuelto loco,
Porque el amor nunca ha pasado por aquí...

A estas problemáticas relacionadas con el amor de las personalidades VIP, y de nuestra sociedad en general, se suma una cuestión más, que relaciona la felicidad con el amor. Se trata de que nos han hecho creer que la felicidad consiste en encontrar una pareja. Y así vivimos buscando, y probando, y fracasando, y lastimándonos, y lacerando a los demás. Como dijimos en la introducción, la fantasía es que alguien infeliz se junte con otra persona infeliz y juntos sean felices. Como si la felicidad fuera algo mágico que aparece. La realidad es que en una pareja cada uno debe hacerse responsable de la plenitud afectiva del otro. Y sólo se puede dar lo que uno tiene. Así que resulta imposible que un infeliz haga feliz a otro infeliz.

Y esto no es patrimonio exclusivo de los famosos. Sino que es algo esencial al ser humano. El idioma griego tiene por lo menos cuatro palabras para designar el concepto "amor", que definen los distintos tipos de amor. Uno de esos vocablos es *fileo*, que significa «tener un interés especial en alguien o algo, gustar, considerar a alguien un amigo». Implica una conexión emocional fuerte. El segundo vocablo griego que se traduce por amor, es *eros*, que significa amor apasionado, y del cual deriva nuestra palabra «erotismo». El tercer vocablo es *storge*, que hace referencia al amor y el afecto que ocurre naturalmente entre padres e hijos, que puede existir entre hermanos, y que existe entre maridos y esposas en un buen matrimonio. Podríamos llamarlo amor familiar.

Pero hay un cuarto vocablo que en la práctica resulta basal a los otros tres: *agape*. Ésta es la palabra que se usa para hablar del amor de Dios para con el ser humano, y el amor que le da fundamento a los otros. Y este amor tiene por lo menos cuatro connotaciones. La primera es que no es simplemente un impulso generado por sensaciones. Más bien, el amor *agape* es un ejercicio de la voluntad, una decisión deliberada. Yo me determino a amar. Esto me lleva a la segunda connotación de este amor. Y es que como se fundamenta en una decisión y no meramente en una sensación circunstancial, yo puedo amar «a pesar de». Es decir, no te amo motivado únicamente por lo bueno que hay en ti. No te amo condicionalmente, según sean tus acciones para conmigo, sino que te amo, a pesar de las cosas que hay en ti y no me gustan y a pesar de que algunas de tus acciones puedan no ser las que me agradan.

La tercera connotación que presenta el *agape*, y que resulta evidente por lo dicho hasta ahora, es que este tipo de amor tiene una jerarquía superior a los otros tres y resulta basal si queremos establecer relaciones amorosas profundas y duraderas. El amor *fileo* es un amor «sentimental», por decirlo de alguna forma. El amor *eros* es un amor «físico». El amor *storge* es un amor «social». Pero el amor *agape* es un amor esencialmente «espiritual», es decir que nace de una experiencia espiritual, y luego se manifiesta física, sentimental y socialmente. Este amor es una de la cualidades de la felicidad. Para ser felices debemos experimentar este tipo de amor.

Y la cuarta connotación es que este amor resulta imposible de ser vivido a menos que primero uno lo haya recibido. A menos que hayamos sido amados de manera incondicional, desinteresada, y a pesar de todos nuestros errores y defectos, jamás podremos amar así a los demás. Por eso se dice que el amor *agape* es el amor que alguien experimenta cuando tiene una relación profunda y significativa con Dios.

Fuimos creados por Dios para establecer una relación de amor profundo con Él. Sin esa relación amorosa única, nuestro ser interior tiene un hambre existencial que no puede ser satisfecha con ningún amor humano. Agustín de Hipona decía que nuestras almas están inquietas hasta que encuentran su descanso en Dios.

Venimos de Dios y vamos hacia Él. Nuestro pasado y nuestro futuro están ligados a nuestro Creador. Por lo tanto, cuando anulamos esa relación, negamos nuestra dimensión espiritual, y se produce el vacío. Pretendemos llenarlo con cosas, con personas, sin darnos cuenta de que ese vacío pertenece a otra categoría. No es material, por lo tanto no se llena con cosas. No es emocional, por lo tanto no se llena con personas. Su naturaleza es espiritual.

Stephen R. Covey, una autoridad en liderazgo y en consultoría de empresas, considerado por la revista *Time* como uno de los veinticinco estadounidenses más influyentes, en su libro *Los 7 hábitos de la gente altamente efectiva*, traducido a veintiocho idiomas y que ha vendido más de 12 millones de copias, escribe: «La dimensión espiritual es nuestro núcleo, nuestro centro, el compromiso con nuestro sistema de valores, un área privada de la vida, de importancia suprema. Bebe en las fuentes que nos inspiran y que nos ligan a la verdades intemporales de la humanidad»[26].

Somos seres tripartitos: espíritu, mente y cuerpo. Las filosofías racionalistas y materialistas intentaron negar la realidad de lo espiritual. Pero el surgimiento de la posmodernidad y el desenmascaramiento del fracaso del iluminismo racionalista y del materialismo en la resolución de los problemas básicos del ser humano, nos ha instalado hoy en día en medio de una cultura absolutamente espiritualista. Una reciente investigación dice que el 91% de los seres humanos dice creer en Dios, y en países latinoamericanos como la Argentina, el porcentaje trepa nada menos que al 97 por ciento.

Otra vez es San Agustín quien nos ayuda cuando apuntaba en esa dirección al decir que la felicidad consiste en la «posesión» de Dios, que sólo Dios es lo verdadero absoluto y que las demás felicidades sólo son felicidades subordinadas.

No estoy hablando de religión. No se trata de dogmas. Porque éstos no pueden dar amor. Se trata del anhelo por regresar al «hogar». Es cierto, tenemos nostalgia de Dios. Nuestro vacío interior permanecerá intacto hasta que descubramos que debemos llenarlo con una relación de amor con nuestro Creador. Y hasta que no experimentemos una relación íntima con Dios, no sólo seguiremos insatisfechos, sino que además tendremos serias dificultades para establecer relaciones afectivas sanas con otros seres humanos. En el primer siglo, el apóstol Juan lo explicaba bien cuando decía: *amamos porque Dios nos amó primero*. Nuestra capacidad de amar y ser amados sanamente depende de experimentar primeramente el amor de Dios en nuestras vidas.

Claro, la pregunta del millón es: ¿Cómo? Porque si las religiones, los cultos y los dogmas no nos terminan de llenar, ni resultan vehículos suficientes para experimentar una relación de amor «vertical» que llene nuestro ser interior y le dé profundidad, disfrute y permanencia a nuestros amores «horizontales», entonces el interrogante resulta pertinente y relevante: ¿cómo *experimentar* a Dios y no tan sólo creer en Él? Y que dicha vivencia espiritual no sea una forma más de evasión de nuestra realidad, una droga que nos provea de unos viajes pasajeros que nos permitan huir de la tierra de nuestra insatisfacción, aunque sea por unos momentos, sino que verdaderamente sea una experiencia que llene de plenitud nuestra existencia. ¿Cómo?

Permíteme dejar abierta la pregunta, mientras me acompañas en las próximas páginas a ver otras implicancias que esto tiene para nuestras vidas, para luego juntos ir encontrando la respuesta. Porque lo que está en juego, es nada más ni nada menos que nuestra felicidad. De lo que se trata es de que no sólo seas alguien VIP, una *Persona Muy Importante*, sino una persona muy feliz.

Pero cierro este capítulo contándote una historia. Un padre tenía dos hijos. Uno de ellos, el menor, un día decide pedirle al papá por anticipado su parte de la herencia. El padre accede y le entrega la mitad de sus bienes. Este muchacho se marcha de la casa y empieza a vivir una vida disipada. Se gasta todos sus bienes en fiestas, orgías, prostitutas. Hasta que finalmente de su abultada herencia no queda absolutamente nada. Y tiene que ir a buscar trabajo y el único que encuentra es apacentando cerdos. Y no tenía qué comer, y llegó a desear alimentarse de la comida de los animales en el chiquero, pero ni siquiera le permitieron eso. Y en ese estado de decadencia absoluta, volvió en sí, y pensó que en la casa de su padre, el más humilde de sus sirvientes estaría mejor que él, y tendría abundancia de pan, mientras él estaba vacío. Así que, se dijo a sí mismo: tengo que volver a la casa de mi padre, y le voy a decir: «Padre, he pecado contra el cielo y contra ti. Ya no soy digno de ser llamado tu hijo. Hazme uno de tus sirvientes». Y entonces regresó a la casa de su padre, y cuando aún estaba lejos, su padre lo vio, y corrió, y se echó sobre su cuello, y lo besó. Y cuando el muchacho le dijo lo que había pensado, que lo recibiera como un sirviente más, el padre les ordenó a los sirvientes, que buscaran la mejor ropa y lo vistieran. Y que le pusieran a su hijo un anillo en su mano y calzado nuevo en sus pies. Y que trajeran el mejor animal de la hacienda y lo prepararan para comer y hacer una gran fiesta. Y les explicó por qué: «Porque este hijo mío estaba muerto y ha revivido, estaba perdido y ha sido hallado». Y todos se alegraron y celebraron en gran forma.

Esta historia la contó por primera vez Jesús. Su intención es decirnos que el Padre nos está esperando para hacer fiesta en nuestras vidas. Ni los muchos bienes, ni la supuesta autonomía, ni el placer, ni la vida sexual disipada pudieron llenarlo. Las personalidades VIP lo saben bien. Por el contrario, todo eso lo dejaron con hambre y en decadencia. Fue allí que él se dio cuenta de que lo único que podía llenar su vacío era volver a la casa de su padre. Y mientras practicaba la estrategia para religarse al padre y ser aceptado, éste tomó la iniciativa y corrió a recibirlo, besarlo, llenarlo de amor a pesar de todo lo que había hecho. Dio órdenes de que todo fuera restaurado en él. Su dignidad, su autoridad, su condición de hijo. Lo festejó porque su hijo, que estaba viviendo como muerto en vida, ahora había revivido. Y su hijo que caminaba perdido, errante, insatisfecho, ahora había hallado el camino al «hogar».

El amor que da plenitud a la vida está en la casa de Papá. No sigas con hambre, frente al chiquero de opciones que no llenan. Como en la historia, Papá te está esperando, listo para correr e inundarte de su amor incondicional, eterno e infinito.

CAPÍTULO 2

Personas Muy Insatisfechas
por falta de aprobación

Joon Chul se jacta de haber sido un gángster y enseña, como prueba, la cicatriz de un navajazo que atraviesa su abdomen. Su hija, Se Ri Park, es una personalidad VIP, una verdadera estrella en Corea del Sur. Es una golfista de éxito. La poderosísima empresa Samsung es su patrocinadora, y tiene con ella contratos envidiables. Pero Se Ri Park, no sólo es exitosa, sino amada. Es adorada por la gente por su espontaneidad y sus juegos de nenita, como correr detrás de un conejito en medio de un campo de golf, mientras está disputando un importante torneo. O por responderles a los periodistas como si fuera una ventrílocuo, usando un osito de peluche. Pero no todo es dulzura y juego. Su padre ha conducido su carrera con mano de hierro. Para endurecerla psicológicamente y que no tuviera miedo a la alta competición, la obligó a dormir entre las tumbas de un cementerio. Cuando ella se quejaba de no tener tiempo para salir con amigos, su padre le decía: «Ya tendrás tiempo dentro de diez años. Ahora juega golf, la vida puede esperar».

La exigencia paterna dio excelentes resultados profesionales. Se Ri Park ha ganado catorce torneos y cinco de los llamados Major de la liga profesional, y millones de dólares. En el año 2007 entró en el Hall de la Fama Internacional de Golf. Ningún otro golfista coreano, varón o mujer, lo había logrado antes. Evidentemente la exigencia de su padre fue tremendamente efectiva. ¿De verdad lo fue? Porque antes de entrar en el Hall de la Fama, Se Ri Park había sido ingresada en un hospital de Corea por agotamiento físico y mental. Las cámaras de televisión pudieron filtrarse a su habitación del hospital y la filmaron en el momento en que las lágrimas corrían por sus mejillas, mientras sus brazos estaban llenos de tubos. En un reportaje citado por la website de la PGA (Asociación de Golfistas Profesionales) ella declaró que estaba necesitada de encontrar balance entre su vida y su profesión. «He sido un poco infeliz, en relación a mi gran juego (la vida)».

Ella es una personalidad VIP, pero además de ser una *Persona Muy Importante,* es también, una *Persona Muy Insatisfecha.* ¿Cómo alguien joven, amada por todos, exitosa al punto de estar en el Hall de la fama, millonaria, admirada, apodada la Reina del Golf y la Princesa Mágica, puede decir que no es feliz? Al menos ella pudo reconocer la raíz de su desdicha: «Yo siempre estoy poniendo mucha presión sobre mí misma». Cada golpe al hoyo, en los campos de golf, ha resultado en su ser interior un duro golpe a su felicidad.[27]

Así como cuando uno aprende a conducir un automóvil, necesita que le digan que va bien, igual sucede cuando empezamos a andar en la vida. Necesitamos que nuestros padres nos den aprobación y afirmación. Ésa es una de las funciones paternas primordiales.

Lamentablemente, muchos se forman sin esta aprobación. El perfeccionismo no es la única causa para la falta de aprobación pero es una de las que más inseguridad y opresión provocan. Un perfeccionista es aquel que cree que cualquier cosa que haga en su vida por debajo de la perfección es inaceptable. El perfeccionista no puede sentir satisfacción ni siquiera cuando alcanza un logro importante en su vida, porque según su propia evaluación, lo hecho no alcanza el nivel de perfección que aspiraba.

Los padres que combinan un carácter autoritario con un amor condicional, y que tienen dificultades para expresar aprobación y reconocimiento modelan este rasgo de personalidad en sus hijos. Los perfeccionistas son hijos de padres perfeccionistas. Un perfeccionista es el resultado de un padre sobreexigente que nunca acompañó su exigencia con aprobación y valoración. Y el hijo crece asumiendo ese nivel de exigencia desmedido, pero como no tuvo aprobación, vive inseguro, creyendo que nunca está a la altura, con temor al fracaso, y con una insatisfacción y estrés fuera de lo común.

¿Qué es un padre perfeccionista? Aquel papá que cuando sacabas una nota de 9 sobre 10 en el colegio, y llegabas contento a casa esperando la felicitación de papá, el único comentario que recibías era: «¿Por qué no sacaste 10?» Y al día siguiente sacabas un 10 en matemáticas y volvías saltando de alegría, porque ahora sí, por fin tendrías la aprobación y felicitación de papá. Pero cuando le decías que habías sacado 10 en matemáticas, te respondía: «no te olvides que mañana hay examen de historia». ¡Y nunca una felicitación, nunca un «estoy orgulloso de mi hijo», nunca un «caramelo emocional»! Esta falta de aprobación, o al menos de expresión de la aprobación produce que la personalidad se constituya insegura, temerosa.

El perfeccionismo tiene varias características. La primera y obvia es la de una exigencia desmedida, que se dirige en primer lugar hacia uno mismo, y luego hacia los que nos rodean. El perfeccionista cuando hace las cosas bien, no disfruta porque cree que las puede hacer mejor. Cuando hace las cosas lo mejor que puede, sufre, porque piensa que hay otros que las hacen mejor que él. Cuando es el mejor haciendo algo, tampoco disfruta, porque piensa en todas las demás cosas en las que no es el mejor. Y así siempre. Y esta exigencia desmedida tiene que ver con padres cuyas demandas han sido siempre exageradas.

Uno de los futbolistas VIP a nivel mundial es sin dudas el argentino Juan Román Riquelme. Considerado por la prensa especializada como uno de los jugadores más talentosos y con mayor visión del juego, es capaz de hacer jugar al resto del equipo según su estrategia. Desde pequeño, en su club de barrio «La Carpita» ya mostraba su capacidad extraordinaria. Luego se destacó en las inferiores de Argentinos Juniors, de tal forma que siendo todavía un juvenil que no había jugado en primera división, fue fichado por Boca Juniors, club en el que salió muchas veces campeón tanto a nivel nacional, como internacional. Su talento lo exhibió en el Barcelona y en el Villarreal de España, así como en la Selección Nacional Argentina. En una entrevista que la prensa le realizó, el periodista le preguntó a Riquelme si su papá todavía lo seguía corrigiendo. Riquelme respondió: «para él siempre juego mal». Y recordó cuando era un niño y jugaba en la canchas de papi fútbol, y su papá estaba al costado siempre corrigiéndolo y exigiéndole que jugara mejor. Y cerró su recuerdo contando cómo dentro de la cancha, el nenito Juan Román, llevaba la pelota entre sus pies, mientras las lágrimas corrían por su rostro.

Algo parecido terminó confesando Andre Agassi en su libro *Open*, donde el gran tenista cuenta acerca del temor que le tenía a su padre. Y en un reportaje hecho por el diario *La Tercera*, el periodista le pregunta si alguna vez su padre lo había alabado o si siempre le había dirigido puras críticas. Agassi respondió: «Después de tres derrotas consecutivas en finales de Grand Slam, finalmente gané. Fue a Goran Ivanisevic, en Wimbledon. Cuando hablé con mi padre, me dijo: «¿Cómo pudiste perder el cuarto set?»[28].

Una vez llevé a mis hijos a jugar al tenis a un club. En la entrada había un cartel que decía:

«Si quiere tener un campeón en la familia...
¡Entrénese!
Pero por favor, deje que su hijo venga
a divertirse».

Una segunda característica del perfeccionismo es la del temor a no ser el mejor. Esto hace que uno viva atemorizado por la apreciación de los demás, o que nunca termine de estar contento con lo que logra y realiza. En el mundo de la literatura esto se da muy frecuentemente. Grandes escritores, los VIP, jamás han publicado obras que seguramente serían elogiadas por todos simplemente porque el nivel de exigencia que ellos tienen no les permite «dar a luz» esas páginas. El gran Gabo, Gabriel García Márquez, siempre dice que una de las causas por las cuales no le gusta leer sus novelas después de editadas, es que no podría resistir la presión que siente de corregirlas. El Premio Nobel colombiano contó en una entrevista: «Un día, en un viaje en tren, no teniendo nada a la mano para matar el tiempo, no tuve más remedio que ponerme a leer un ejemplar de *Cien años de soledad* que acababan de entregarme en la casa editorial. Cuando menos lo pensé, estaba tachando aquí y allá sus páginas y poniendo en el borde textos distintos de los ya impresos»[29].

Obviamente esto produce una gran y constante tensión. Grandes personalidades, los considerados *Personas Muy Importantes* por nuestra sociedad, son *Personas Muy Insatisfechas* porque son víctimas de esos temores constantes a no recibir la aprobación de los otros.

La campeona olímpica española María Pardo hizo un desesperado llamado de atención, en un momento en que España estaba en la cresta de la ola de la gimnasia rítmica en aquel país. Primero se dirigió a su madre: «Mamá, ¿qué quieres, una hija o una medalla?» Su madre, acertadamente, prefirió a la hija y entonces Pardo denunció las condiciones extremas en que se desarrollaba la preparación de las gimnastas. El rigor inflexible en la dieta y el peso, los problemas ocultos de anorexia y bulimia y la vigilancia casi policial para evitar cualquier relación amorosa. La denuncia produjo que hubiera una investigación en el Senado. Como consecuencia de esta investigación se humanizaron los métodos de entrenamiento. Resultado: de ser campeonas, en el siguiente mundial las españolas pasaron al séptimo puesto[30]. ¿Un fracaso deportivo o una victoria en la vida?

Claro, alguien podría decir de las personalidades VIP: «porque tienen ese nivel de exigencia es que son exitosos». Y es cierto. Porque el perfeccionismo tiene un lado positivo, y es que algunas de las personas que sufren de este rasgo de personalidad, alcanzan grandes logros. Sin embargo, es importante entender que perfeccionismo y excelencia son dos cosas muy parecidas, pero bien diferentes. La gran diferencia consiste en preguntarse si la persona disfruta de su excelencia, o aun liberando su potencial al máximo, sigue insatisfecho. La excelencia nos desafía a sacar lo mejor de nosotros, pero tiene el propósito de provocar sentimientos excelentes, de lo contrario no es excelencia. Si el sentimiento que experimento es de insatisfacción, no alcancé la excelencia en la vida, que no es otra cosa que ser personas plenas.

Una tercera característica es la de evitar asumir o enfrentar desafíos. Fernando era continuamente puesto por su padre en la obligación de ser el mejor. Esto trajo sobre él una gran presión. Un día estaba jugando un partido de fútbol en presencia de unos empresarios y representantes que lo habían ido a ver, para ubicarlo en un gran club. Esa tarde, Fernando sufrió una lesión en su pierna que hizo que nunca más pudiera jugar al fútbol. ¿Casualidad? Por supuesto que no. Conversando con él, le hice ver cómo a partir de allí se había encargado de repetir inconscientemente el mismo patrón. Se exigía y se exigía hasta llegar casi a la cúspide de lo que se proponía, y cuando estaba a punto de lograrlo, hacía algo para arruinarlo todo. La presión era tan grande que sin darse cuenta hacía algo para autoboicotease. Así hizo con su carrera como estudiante. Así hizo con cada uno de los grandes empleos que consiguió. Así hizo con sus relaciones afectivas. No podía soportar la presión de tener que demostrar siempre que era el mejor.

La cuarta característica es la imposibilidad que tiene el perfeccionista para reconocer sus errores. No se permite la equivocación, o al menos reconocer que se ha equivocado. En *Mafalda*, la historieta argentina del genial Quino, hay un diálogo de Mafalda con Guille, que describe claramente este problema:

—¿Qué te pasa, Guille? —pregunta Mafalda.
—Me duelen los pies —responde entre llantos.
Mafalda se fija en los pies del chico y le explica:
—Claro, Guille, te has puesto los zapatos cambiados de pie, al revés.
Guille, después de darse cuenta del error que había cometido, comienza a gritar más fuerte.
Mafalda lo interrumpe:
—¿Y ahora?
—¡Ahora me duele mi orgullo![31]

Una quinta característica es la tendencia que se manifiesta en algunos perfeccionistas a la postergación. «De mi vida afectiva me voy a ocupar cuando estén dadas las condiciones…» «El lunes empiezo la dieta... sin falta». «Apenas las cosas mejoren en casa, me lanzo a ese proyecto...» El psicólogo Timothy Pychyl explica que muchos postergadores lo son como una forma de aminorar la presión del perfeccionismo. Se anticipan a un posible resultado pobre. «Así pueden decirse a sí mismos: "lo hubiera hecho mejor si hubiese empezado antes". Se trata de un mecanismo de defensa inconsciente para quien puede tener una autoestima débil y se enfrenta a un desafío que le causa inseguridad»[32]. Esperan el «momento perfecto», y mientras tanto se les pasa la vida.

Entre los escritores VIP, el perfeccionismo es un rasgo bastante común, y en muchos se presenta este matiz de postergación. Truman Capote, luego de escribir su novela *A sangre fría,* nunca más pudo escribir otra. Ralph Ellison, después de su primera obra *El hombre invisible,* estuvo cuarenta años escribiendo su segunda novela y murió dejándola incompleta. John Ronald Reuel Tolkien, autor de *El Señor de los Anillos,* era un postergador incorregible. Su amigo y también gran escritor C. S. Lewis, autor de la serie *Las Crónicas de Narnia,* dijo de él: «un gran hombre lleno de dilaciones».

Es por esta manifestación del perfeccionismo que muchas personas viven con sueños frustrados en áreas de sus vidas porque no pueden lograr «lo perfecto». No toman acciones de cambio en el día de hoy. Y esa persona tan destacada en su profesión, vive postergando sus otras áreas de vida, y se convierte en una personalidad VIP, esto es, una *Persona Muy Insatisfecha.* «Hoy estoy muy ocupado, mañana me dedicaré a ser feliz...» El mañana perfecto nunca llega.

Una sexta característica es la dificultad que tiene el perfeccionista para relacionarse con los demás. Cristina Saralegui es una periodista, actriz y conductora cubana de televisión, de la cadena Univisión, considerada como la primera dama de los medios de habla hispana. Ampliamente conocida por su programa *El Show de Cristina*. Ella misma reconoce su perfeccionismo y las dificultades que experimentan quienes trabajan con ella. «Soy insoportable, soy exigente, perfeccionista al máximo, a un grado que soy inaguantable, que no me resisten»[33]. Y ni hablar cuando ese perfeccionismo se manifiesta en la convivencia afectiva. El director de cine canadiense James Cameron, creador de *Titanic*, *Alien* y *Terminator* tiene fama de ser un perfeccionista extremo, a punto de empujar a sus actores y equipo a extremos irracionales. Arnold Schwarzenegger dice que Cameron es un perfeccionista capaz de estallar en el set, y ser muy exigente. El propio Cameron dice de sí mismo: «De ser un vago que se pasaba el tiempo sin hacer nada, fumando marihuana cerca del río, pasé a ser un maníaco totalmente obsesionado».[34] ¿Será por esta razón que el director de *Titanic*, ya hundió cuatro matrimonios y va por la quinta esposa? Porque, ¡ay del que vive con un perfeccionista! El desmedido nivel de exigencia al que se somete también lo aplica a los que lo rodean. Esto hace que tenga serias dificultades para establecer relaciones afectivas duraderas.

Si hubo alguien VIP en el mundo del canto a partir de los años cincuenta fue Maria Callas, considerada una de las más grandes cantantes del siglo XX. Fue una perfeccionista extrema. Su madre Evangelia continuamente sometía a María a una gran exigencia y presión, sin el acompañamiento de aprobación. Por el contrario, su madre vivía criticándola y comparándola con su otra hija y calificándola a Maria de gorda, poco agraciada y únicamente atractiva por su voz. Años después, Maria reconocería que admiraba la fortaleza de su madre, pero que nunca se había sentido querida por ella.

El gran director de cine Franco Zeffirelli reflejó parte de la vida de Maria Callas en su película: *Callas Forever*. Y un día dijo de la extraordinaria soprano: «En todas las profesiones hay seres que se fijan como regla la máxima exigencia, personas para las que el mundo o es perfecto o no es nada, para las que las cosas son blancas y negras. La Callas era de esa clase de gente, es decir, un genio. El genio es intolerante y sublime. Quería ser artista, la artista absoluta. La Callas era de una sola pieza, un bloque de granito. Su búsqueda de la perfección le impedía tener marido, hijos, tener otra vida que la de su arte».

Hacia 1970 la carrera de Maria tuvo una interrupción repentina. Fue hospitalizada porque quiso suicidarse con una sobredosis de barbitúricos. Siete años después moriría. Se cree que se trató de suicidio, por una dosis masiva de tranquilizantes.[35]

Una séptima característica es que el perfeccionista tiene hostilidad reprimida y escondida hacia su padre o madre perfeccionista. La mayoría de los perfeccionistas pueden reconocer las otras características mencionadas. Pero no pueden reconocer que sienten odio hacia su papá o su mamá perfeccionistas. En parte es así, por esa imposibilidad a aceptar que se equivocan, y como el odio es algo negativo, no se permiten admitirlo. Pero principalmente, no reconocen esa hostilidad interna, porque paradójicamente aman y admiran a ese papá o a esa mamá perfeccionistas.

El problema es que el sentimiento negativo no nace en la vida adulta, sino que el perfeccionismo es una forma adoptada por niños que luchan con la acción de sus padres incapaces de dar la aprobación y el reforzamiento que resultan necesarios para desarrollar un sentido positivo de su personalidad. La psicoanalista Karen Horney decía que esos niños privados de reforzamiento experimentan una ansiedad y una hostilidad intensa, y las reprimen porque tienen miedo a la represalia. Esos sentimientos «malos» se vuelven hacia dentro, contra la misma persona del niño y, puesto que los niños identifican sentirse mal con ser malo, generan una percepción de sí mismos de «no suficientemente buenos». Como los padres son idealizados, esos niños crecen imposibilitados de ver la carencia en sus padres, y siguen reprimiendo la hostilidad. En algunos casos esa hostilidad se expresa como una enfermedad física, y en otros con depresiones.

Hace algunos años, en los Estados Unidos, atendí a Edward, hijo de uno de los mejores golfistas. La razón por la que vino a mí era que sufría de una suerte de apnea central, que le producían procesos de asfixia, y que le impedían dormir. Lo grave es que al no poder dormir, ya se había quedado dormido un par de veces mientras conducía su automóvil, y en una de ellas había tenido un accidente. Tenía que internarse periódicamente en una clínica especializada, de forma tal que pudiera dormir. Me contó que su problema no era común como las apneas obstructivas, sino que era un problema muy raro, que afectaba a muy pocas personas en su ciudad. Sin embargo, su hermano y su hermana, también sufrían de lo mismo. Cuando le pregunté por sus padres, me contó que su padre, a pesar de ser una estrella del golf, se había convertido en alcohólico, con una vida muy triste.

—¿Y mamá? —le repregunté.

—Mamá es una mujer extraordinaria. Mientras papá llevaba su vida, ella fue la que mantuvo la familia en pie, y nos empujó para que seamos lo que hoy somos. Ella cuidó que la fortuna que papá había ganado no se despilfarrara, aunque a veces nos condiciona y manipula a mis hermanos y a mí con el dinero, pero si no fuera por ella... —me respondió.

—¿Ella era muy exigente con ustedes? —le inquirí.

—¡Uf! Sí, mucho. No se imagina.

Finalmente le pregunté si tenía miedo de decepcionar a su mamá.

—Sí, claro, ella es una gran mujer, y no quisiera defraudarla.

Traté de que Edward entendiera que sus problemas respiratorios tenían su raíz en esa mamá «asfixiante». Que no era casualidad que tanto él como sus hermanos sufrieran esa misma rara enfermedad que les «quitaba el aire». Que muy probablemente el alcoholismo de su padre también tuviera que ver con la actitud de su mamá. A medida que Edward iba comprendiendo las consecuencias que el perfeccionismo de su mamá había provocado en su personalidad, en su desarrollo profesional y también en su cuerpo, sus ojos se llenaban de luz, como quien de pronto descubre un tesoro escondido. Lo fui guiando en un proceso terapéutico espiritual, por medio del cual fue renunciando a su propio perfeccionismo, a sus temores a no cumplir con lo esperado. Pero cuando le dije que también debía renunciar al odio que sentía por su mamá, casi salta del asiento.

—¡De ninguna manera! Yo no odio a mi madre, yo la amo y la admiro.

Costó muchísimo que pudiera admitir que aunque el Edward adulto amaba y admiraba a su mamá, el Edward niñito que habitaba en él, sobreexigido, presionado, demandado, odiaba a esa mamá que tanto lo «asfixiaba». Finalmente a regañadientes pudo aceptar la posibilidad teórica de que fuera cierto lo que yo le estaba diciendo. Aunque se notaba que creía que no era su problema. Pero consintió en que lo ayudara en una oración, por medio de la cual renunciaba al odio hacia su madre. Cuando lo guié a decir: «Renuncio al odio a mamá», no podía decirlo. Y no sólo que no podía pronunciar esa sencilla frase, sino que empezó con un proceso de asfixia. Así una y otra vez, hasta que finalmente después de un buen tiempo, pudo hacerlo. Y fue sanado por Dios. El resultado es que hasta el día de hoy nunca más tuvo esa manifestación de apnea, y en su vida toda cambió, convirtiéndose en una persona libre y capaz de disfrutar de lo mucho que ha logrado en la vida.

Me encontraba en Canadá, cuando se me acercó Nathan para hablarme sobre su problemática. Un brillante psiquiatra. Una personalidad VIP en su ambiente. Pero que sufría de procesos respiratorios de ahogo, que se prolongaban, le quitaban totalmente las fuerzas, y luego lo sumían en un estado depresivo que le duraba días y días. Le pregunté por sus padres. Nathan me contó que su papá había sido tremendamente exigente con él.

Mientras él me contaba sus experiencias, por mi mente pasó una sucesión de palabras:

PRESIÓN REPRESIÓN OPRESIÓN
IMPRESIÓN DEPRESIÓN EXPRESIÓN

Su padre lo había sometido a una fuerte presión perfeccionista. En lugar de darle aprobación, nunca lo valoró adecuadamente, sino que, a pesar de sus logros, lo único que recibió de su padre fue una mayor exigencia. Esa presión, en lugar de expresarla adecuadamente, la reprimió. Jamás se animó a hablar con su padre. Esa presión reprimida se convirtió en una fuerte o-presión, que se tradujo en una im-presión física: crisis respiratorias recurrentes. Y la im-presión física iba acompañada de de-presión emocional. Le expliqué que la solución sería la ex-presión. Es decir, poder sacar fuera ese resentimiento hacia su padre perfeccionista y perdonarlo. Esa ira introyectada por años se había convertido en una de-presión que lo ataba. Cuando comprendió el proceso de mal manejo de la presión, me dijo:

—¿Cómo siendo yo psiquiatra no me di cuenta de esto?

Lo cierto es que ya lleva años sano de sus crisis respiratorias y consecuente depresión.

Las personas VIP, o las que aspiran a serlo, están constantemente sometidas a presiones excesivas. *High* es una palabra muy usada hoy. Cuanto más alto queremos estar, mayor es la presión. John Naisbitt plantea en su best seller *Megatrends*[36] la gran ironía de nuestra era de la alta tecnología. Y es que el ser humano se siente esclavizado por el avance, supuestamente alcanzado con el propósito de darle mayor libertad. *High tech* requiere *high touch*. Es decir, en la sociedad de la alta tecnología, se hace indispensable el «alto contacto». O sea, tener contacto trascendental, contacto espiritual.

Cuando nos abrimos a la dimensión espiritual, empezamos a experimentar un nuevo sentido de aprobación y de afirmación que provienen del Absoluto, es decir, del único perfecto. La falta de aprobación genera serios problemas de autoestima en nuestras vidas y equivocadamente queremos sanar esos problemas con aproximaciones erradas. La aprobación tiene que ver con la «medida» de valoración que hemos recibido. El perfeccionismo ha sido un «metro» que nos ha dañado. Para nuestros padres nunca dábamos la «medida». A partir de allí vivimos atemorizados al enfrentar cada desafío por miedo a no dar la «medida». Vivimos exigiéndonos, y estirándonos a ver si nuestra «medida» crece, si somos más «altos». Y a su vez «medimos» a todos los que nos rodean, y nadie da nuestra «medida».

Tratamos de sanar nuestra valoración trabajando en nuestra autoestima. Pero como se trata de autoestima, nosotros nos convertimos en el metro que mide nuestra estima personal. Y siempre el resultado es negativo, no damos la medida. Entonces buscamos la aprobación de los demás, pero como vivimos en una sociedad enferma, tampoco nos devuelven la valoración adecuada y sanadora. Seguimos sin dar la medida.

Tanto mi propia valoración como la de los otros se convierten en «metros» de 80 centímetros.

En cambio, cuando nos abrimos a una relación con Dios, el Absoluto, podemos estar seguros de que Él sí es Perfecto, y que es un «metro» de 100 centímetros, que nos va a medir y valorar correcta y adecuadamente. Si la búsqueda espiritual supera aquellos moldes de la religiosidad que muchas veces por medio de la culpa aumentan la falta de aprobación, y con sus códigos incrementan el perfeccionismo, si dicha búsqueda espiritual se convierte en una relación de amor con Dios, entonces empezamos a entender que Él es el Padre que nos da perfecta aprobación y afirmación. Que cuando Él nos demanda algo, es para sacar a flor nuestra excelencia y no para atormentarnos con exigencias desmedidas. Porque nada de lo que yo pueda hacer de bueno el resto de mi vida hará que Dios me ame más, ya que Él me ama con amor perfecto. No puede amarme más: ya me ama con amor perfecto. Y ninguna de mis equivocaciones hará que Dios me ame menos, porque su amor por mí es perfecto.

El amor de Dios no es condicional, no es un amor mostrador de por medio. Me amó tanto, de manera tan perfecta, que entregó a su Hijo Jesús a morir por mí. Él no espera que yo sea perfecto. Ya sabe que jamás lo podré ser. Por eso fue necesario que viniera Jesús y muriera por mí. Y murió, para que yo pueda establecer una relación paterno-filial con un Padre perfecto en amor, que me brinda toda aceptación y aprobación.

No vivas más tiempo tenso como la cuerda de una guitarra. No sigas exigiéndote más y más, para recibir aprobación paterna. ¡Ya está a tu disposición! No sigas atemorizado por miedo a no «ser», a no «llegar». Ya eres, ya llegaste. Tienes un Padre que desea que sientas todo su amor, valorización y aprobación, de manera que empieces a vivir una vida plena. Serás verdaderamente una *Persona Muy Importante*, si te conviertes en una persona feliz, si dejas de intentar ser perfecto y recibes el amor del único Perfecto.

CAPÍTULO 3

Personas Muy Insatisfechas
por falta de aceptación

El 4 de febrero de 1983, moría Karen Carpenter. Junto a su hermano Richard, conformaban uno de los grupos musicales más populares no sólo de su tiempo, sino de la historia de la música moderna: The Carpenters. Artistas como Madonna, reconocen que Karen Carpenter ejerció una influencia muy grande en sus vidas artísticas. Karen poseía una voz maravillosa y única. Pero los éxitos del grupo se vieron truncados por los problemas de salud de Karen, que sufría de anorexia. Vivía a dieta, y su corazón quedó dañado por la mala nutrición de años. Falleció a los treinta y dos años de un paro cardíaco. Dicen que su corazón se colapsó debido a la sobrenutrición que le dieron en el hospital, unido esto a su continuo uso de laxantes, diuréticos y medicamentos de la tiroides, que le ayudaban a acelerar su metabolismo. Dejó esta tierra pesando 28 kilos[37].

Resulta difícil de explicar cómo una personalidad VIP como ella, exitosa, talentosa, bonita, amada por la gente, pudo tener una autoimagen tan distorsionada como para llevarla a una muerte tan temprana. La anorexia es un trastorno de la alimentación, caracterizado por una pérdida de peso provocada por el propio enfermo que restringe severamente su ingesta de alimentos. La otra cara de la misma problemática es la bulimia, que puede definirse como la alteración de la alimentación que se manifiesta por medio de episodios incontrolables de comer en exceso. Luego la persona intenta terminar con la culpa ocasionada por esa ingesta, a través del consumo de laxantes, la inducción de vómitos, el exceso de ejercicio, entre otras cosas.

Britney Jean Spears no sólo es una de las artistas más destacadas, sino que es considerada por muchos como un ícono cultural de esta era. Según los medios periodísticos, Britney ha confesado a los médicos de un centro de rehabilitación que es bulímica desde los dieciséis años y que este problema le impedía llevar a cabo el tratamiento en la clínica de rehabilitación en la que fue atendida por sus adicciones (drogas y alcohol). Una fuente del centro reveló que la cantante vomitaba la medicación que le era suministrada para controlar su enfermedad, lo que hacía muy difícil su recuperación. Britney ha admitido que le encanta la comida basura y que ha luchado contra este «vicio» durante casi diez años, vomitando las grandes cantidades de este tipo de alimentos que ingería. Según ella, se daba atracones de papas fritas, dulces, helados y luego sentía tantos remordimientos que se provocaba el vómito para devolver todo lo ingerido.

Estos trastornos de alimentación, en la mayoría de las personas, son sólo manifestaciones de un problema más basal que es la falta de aceptación. Los especialistas indican que frecuentemente se da en muchos de los pacientes con trastornos de la alimentación, un excesivo perfeccionismo y un gran nivel de autoexigencia, este factor los lleva a un control excesivo sobre todo lo que hacen y sobre todo lo que ingieren. Pero sabemos que lo que se esconde detrás, es la falta de reconocimiento de parte de los padres, y la falta de aceptación del lado del hijo o hija.

La falta de aceptación afecta a todo tipo de personas y de manera especial a los VIP. Uno puede ser multimillonario y comprar lo que se le ocurra, y sin embargo, no poder adquirir una correcta imagen de sí mismo. La dueña del 50% del imperio del famoso modisto Gianni Versace, asesinado en Miami, hace algunos años atrás, es su sobrina Alegra Beck Versace. «Tiene todo para disfrutar de la vida», ingenuamente uno podría suponer. Es jovencita y multimillonaria. Pero cuando uno mira sus fotos, se da cuenta inmediatamente de que no todo está bien y que ella también sufre de anorexia[38].

La falta de aceptación como persona, muy relacionado con una falta de aceptación del propio cuerpo, provocan este tipo de problemáticas relacionadas con la alimentación. Según sus propios compañeros, Calista Flockhart, la estrella de *Ally McBeal*, ha vivido a base de gelatina, tazas de café y trozos de apio; casi no ingería agua y al parecer le tiene pánico a la comida. Dicen que en ocasiones la grabación se suspendió unos minutos a causa de mareos que sufre la artista, aunque ella ha negado que tenga este trastorno[39]. Cuando alguien carece de una correcta autoestima, vive tratando de agradar a los otros, y por ende es altamente influenciada por la opinión de los demás, y en especial por la sociedad con sus modas.

Hay una fuerte presión del medio ambiente, para que nos convirtamos en Barbies y en Kent. Desde los medios de comunicación se proyecta un mensaje muy peligroso, diciéndole al público que si alguien cambia su imagen cambiará su vida. Valérie Boyer es miembro del Parlamento francés. Ella presentó un proyecto de ley por el cual se exige que todas las fotos de personas utilizadas en publicidad que han sido modificadas digitalmente se identifiquen con una leyenda que diga: «Retocada». Boyer ha dicho que la motivación para esto la encontró en sus dos hijas de diecisiete y dieciséis años y la presión que sufren los jóvenes hoy en día para ajustarse al ideal de la moda de un cuerpo súper delgado. Y lo presenta así: «si alguien quiere tener éxito en la vida, si quiere sentirse bien consigo mismo y quiere ser parte de la sociedad, tiene que ser delgado o flaco, y resulta que eso tampoco basta, sino que le tienen que transformar el cuerpo con un software que altere la imagen, y así entramos en un mundo uniformado y de lavado de cerebro y los que no pertenecen son excluidos de la sociedad». Philippe Jeammet, profesor de psiquiatría, dijo que las fotos son una influencia especial para las chicas más vulnerables. Y afirmó que iría más lejos aún. Pidió que haya sanciones, dado que las fotos retocadas no dejan de ser un engaño, con consecuencias impensadas[40].

Steven Erlanger, en un artículo del *New York Times*, reseña que el editor de la popular revista femenina alemana *Brigitte*, tomó la decisión de que a partir del 2010 la revista sólo utilizará fotos de mujeres comunes. Dijo que está cansado de retocar fotos de modelos que ya consideraba por debajo de su peso. Sin embargo, son muchos los que piensan de manera diferente de la legisladora francesa. De hecho causó gran conmoción la foto de Keira Knightley, la famosa actriz inglesa protagonista de *Piratas del Caribe*. Ella es la imagen del perfume Coco Mademoiselle de Chanel. Como la actriz es extremadamente delgada, tuvieron que retocarle el cuerpo, y aumentarle el muslo. La fotógrafa justificó la alteración de la foto, diciendo: «todavía queremos a seres celestiales bajo una luz celestial. Es el paraíso de la imagen».

Silvina Ajmat, en el diario *La Nación*, destacó que la búsqueda de la perfección física es un tema muy presente en el imaginario social actual, y que desde la pantalla de televisión se baja un mensaje muy potente sobre el cambio de vida que supuestamente implica una cirugía estética. Desde *realities shows* hasta la serie estadounidense *Nick Tup*, de FX, pasando por programas como *Transformaciones*, y *Transformaciones de famosos*, en el que hubo un caso que tuvo mucha repercusión, el del popular *La Tota* Santillán. Para acelerar la pérdida de peso, los médicos de la producción optaron por incorporarle por vía quirúrgica un cinturón gástrico. El conductor no pudo tolerarlo y abandonó el tratamiento al día siguiente de iniciarlo. Luego de este episodio, cuenta Ajmat, el programa no emitió nuevas temporadas[41].

Resulta difícil de comprender que personas VIP, reconocidas, famosas, amadas por el público, convivan con la llaga de la falta de aceptación. Pero el problema no está con el famoso o exitoso o multimillonario adulto. El problema está en el niño que está dentro de ellos sin sanar. Y aunque ahora son personas adultas y tan capacitadas en su ámbito de desarrollo profesional, sin embargo, en su ser interior, siguen siendo niños que no pueden hacerse cargo de sus vidas y viven tratando de satisfacer las expectativas de los demás, sometidos a la opinión ajena, y con terror al fracaso y al rechazo.

Más difícil de entender es cuando se trata de modelos cuyos cuerpos son envidiados por todas, y admirados por todos. Claudia Liz, la famosa modelo brasileña, a los veintiocho años, había hecho miles de comerciales, su silueta no era la de una anoréxica, sino que para todos, su cuerpo era «perfecto». Para todos, menos para ella. Lo cierto es que se sometió a una lipoaspiración porque quería bajar dos kilos para seguir trabajando. Estuvo cuatro días en coma. Su cuerpo no soportó las exigencias que ella misma se impuso para lucir a la moda[42].

Hace muy poco, la modelo argentina Solange Magnano también perdió su vida a causa de una operación de cirugía estética. La modelo había sido Miss Argentina en 1994. Fue a una clínica para someterse a un tratamiento estético con el fin de levantar los glúteos. El resultado fue que sufrió una embolia pulmonar que derivó en su muerte. La pregunta es: ¿acaso necesitaba hacerse dicha operación para seguir modelando? Qué mejor que responder al interrogante leyendo lo que el diseñador Roberto Piazza, para quien ella trabajaba, dijo: «Solange tenía una belleza sofisticada, majestuosa, la gente se quedaba con la boca abierta cuando la veía. Si bien ella era una mujer sencilla, daba una imagen de come hombres, te dejaba sin habla. Ella se cuidaba mucho, iba al gimnasio, tenía todo en su lugar, unas medidas perfectas, una cinturita divina. El año pasado se había operado el busto y había quedado perfecta, pero esta cirugía de glúteos no la necesitaba. Fue una estupidez lo que hizo, no lo puedo entender»[43]. Evidentemente, se desprende de este juicio del modisto, que la modelo no necesitaba de la operación para su imagen, ni para su trabajo. Pero, ¿la necesitaba para su sentido de aceptación?

La modelo argentina Raquel Mancini comenzó su carrera con un *boom* en la revista *Gente*, siendo tapa de la misma, con sólo dieciséis años. En poco tiempo se convirtió en un ícono de la década de 1980, y una de las modelos top, y para muchos, la más bonita de su tiempo. Sin embargo, ella no se conformó con lo que Dios le dio. Ella cuenta su propia experiencia: «yo nunca oculté lo que me hice en el cuerpo y no fue tanto. Me hice el busto y me apliqué colágeno en los labios, una decisión equivocada y de la cual supe reírme con el tiempo y a lo que luego siguieron los brackets». Pero la modelo siguió con una lipoaspiración en la cual casi pierde la vida. «Todo empezó con una lipoaspiración. Por un mal efecto de la anestesia estuve en coma 4 con muerte cerebral. Después, por toda la situación nerviosa y la presión que viví, se me hizo una obstrucción en el intestino delgado. Estuve otros diez días internada haciendo un tratamiento para ver si zafaba del cuchillo. Y zafé, aparentemente. Me fui a casa y a los tres días me agarraron unos espasmos impresionantes. Entonces me operaron y me sacaron un pedazo de intestino delgado donde tenía una úlcera. Todo a causa de los nervios…»

En muchos casos la exigencia del medio es fatal para las personalidades de la moda. Sin embargo, en este caso, la modelo reconoce que no fue por esta causa. Cuando el periodista de *Clarín* la interrogó al respecto dijo: «Yo sé que los demás me veían flaca. Pero, bueno, era para sentirme mejor». Cuando se le preguntó si era anoréxica, dijo que no, y que había adelgazado no por cuestiones psicológicas. Sin embargo, ante la pregunta de cómo se veía ante el espejo, la modelo dijo: «Bien, pero también hay días en que me veo mal. A veces me siento medio gorda y no me quiero ni mirar»[44].

El reconocido psicoterapeuta Roberto Sivak dice que el espejo, las fotografías y redes virtuales como el Facebook, entre otros, contribuyen a construir la imagen o la valoración de sí mismo, elementos psicológicos potencialmente necesarios y saludables. Pero, a la vez, pueden alimentar obsesiones, autoexigencias, reproches, compulsiones alimentarias o deportivas, ansiedad, y conducir al aislamiento o la depresión[45]. Un especialista en trastornos de alimentación dice que en la adolescencia se empieza con este viaje de convertirnos en seres independientes, de ser uno mismo. Y esto produce una crisis. Y la anorexia y la bulimia de alguna manera detienen esta carrera, protegiéndonos del doloroso proceso de crecer. Es en estos años cuando se producen los grandes cambios corporales, que son resistidos. La falta de aceptación del esquema corporal impide el paso al mundo adulto. No queremos crecer, porque crecer no es otra cosa que dejar de ser niños dependientes de papá y mamá, y comenzar a hacernos cargo de nuestra propia vida, haciéndonos responsables de nuestros éxitos y fracasos[46].

El tiempo pasa y nos convertimos en adultos, tal vez en profesionales, artistas, políticos, deportistas, VIP. Pero nuestro mundo emocional quedó estacionado, y a pesar del aplauso, del reconocimiento económico, del desarrollo profesional, una fuerte inseguridad nos invade y como esclavos seguimos engrillados a la aceptación de los otros, llamando siempre la atención de los que nos rodean. Esa brecha entre nuestro desarrollo intelectual-profesional, y nuestro desarrollo emocional, nos empieza a pasar facturas. Lo que originariamente fue el resultado de un mecanismo de defensa que nos ayudó a enfrentar el terrorífico proceso de crecer, ahora se convierte en nuestro amo, y el precio es nada más ni nada menos que nuestra propia vida.

Graciela Pichioni soñaba con ser modelo y desfilar. Terminó pesando 20 kilos. Se recuperó después de dos años de tratamiento. «En lugar de calentar la comida la quemaba, y la tiraba. No me quería nada. Pensaba que lo mejor era desaparecer, morir... Cuando iba por la calle, la gente me miraba y se asustaba, pero yo me veía bien. Fueron quince años viviendo de un sanatorio a otro. Los especialistas le dijeron a mi mamá: "Es muy difícil que se salve". Yo me salvé, pero no todos pueden salvarse.[47]»

Y si la causa no es física, la cura tampoco tiene que ver primeramente con algo relacionado con el cuerpo, sino con el alma. Significa poder experimentar una verdadera y sana aceptación de uno mismo. Me gusta decir que alguien es sano, emocionalmente hablando, cuando por haber experimentado aceptación, puede aceptarse a sí mismo y ofrecer aceptación a los demás.

El doctor Maurice Wagner[48] dice que la autoestima es como un trípode. Estas tres «patas» de la autoestima son: sentido de aceptación, de dignidad y de idoneidad. Aceptación: sentirse amado por lo que se es, más allá de lo que se hace o se posee. Es el aspecto más profundo y primitivo del concepto de uno mismo, porque se nutre del amor incondicional. Dignidad: saberse merecedor de afirmación y respeto; tener un lugar en el mundo. Idoneidad: capacidad, considerarse apto para afrontar con relativo éxito las diferentes situaciones y los distintos roles en las diversas etapas del ciclo vital.

El sentido de aceptación consiste en sentir que uno es querido por los demás. Que las otras personas se interesan por uno. Que a quienes nos rodean les gusta estar con uno, disfrutan de nuestra presencia. Es tener sentido de pertenencia. Es cuando el «yo» se convierte en «nosotros». Todos tenemos la necesidad de sentirnos parte de un grupo de personas que apreciamos. Quienes se sienten inseguros de este sentido de aceptación, hacen todo lo que esté a su alcance para lograr el interés de los demás y alcanzar a ser integrados. Algunas personas viven tratando de llamar la atención de quienes los rodean y de ser aceptados. Uno de los dolores más profundos, especialmente en determinadas etapas de la vida, es sentirse «sapo de otro pozo».

La falta de aceptación es una carencia que se identifica en personas que han tenido que responder a las expectativas de los demás para ser tenidos en cuenta y han llegado a la conclusión de que eran queridos más bien por lo que hacían que por lo que eran. Esto los llevó a postergar sus necesidades o la expresión de emociones o deseos.

Uno se pregunta: ¿Cómo es que personas con tantos problemas de aceptación llegan a ser famosos, exitosos, «aceptados» masivamente? La razón la encontramos en el propio desarrollo de la problemática. Las personas con carencia de aceptación son individuos que están en permanente competencia, y que tratan de superar permanentemente a los demás. Necesitan demostrar que son los mejores, los más competentes. Cuando enfrentan una discusión, necesitan tener siempre razón y son incapaces de reconocer un error o que se han equivocado en algo. La raíz de esto se encuentra en un amor condicional. Cuando un niño necesita sobresalir en la escuela o en alguna disciplina deportiva, para ser tenido en cuenta por sus padres o para ser elogiado, empieza a formarse esta carencia. En la primera infancia llegamos a la conclusión de que éramos nadie a menos que de alguna manera nos comportáramos de un modo que complaciese a los demás, en especial a nuestros padres. Esto viene acompañado, por lo general, por el refuerzo opuesto. Es decir, el chico experimenta rechazo cuando no cumple con determinadas expectativas del mundo adulto, y en particular de sus padres.

También suele haber una rigidez extrema, o intolerancia paterna. La famosa frase tan escuchada: «en esta casa las cosas se hacen así, si te gusta bien, y si no también». Es decir, el chico crece aprendiendo que las cosas se hacen de una sola forma, y la personalidad se moldea inflexible, con bajísima tolerancia a la frustración. Hipercrítico para consigo mismo y para con los demás. No desarrolla plasticidad en sus juicios, y camina por la vida sembrando rechazo por todos lados, con la consiguiente cosecha de rechazo de parte de los demás. Por eso, el no experimentar aceptación, produce la carencia de autoaceptación, y la falta de aceptación hacia los demás.

El psicoterapeuta Oscar Vázquez enumera algunas de las características de las personas con problemas de aceptación. La primera de ellas es la intolerancia para aceptar lo distinto. Personalidades que tienen la tendencia a ver siempre el lado negativo de la realidad, y de las actitudes, comportamientos y rendimientos de los demás. Hipersensibles, proclives a interpretar negativamente las motivaciones de los demás, son personas extremadamente conflictivas y que proyectan la responsabilidad de sus propias equivocaciones sobre los demás[49].

Una segunda característica es la dificultad seria que tienen para respetar los tiempos ajenos. En general son personalidades que impulsados por su espíritu competitivo, tienden a hacer las tareas a una velocidad mayor que los demás y por esta causa desestiman a los otros o sienten que los demás no valoran la eficacia de su desempeño. Éste es un factor de permanente roce y conflicto interpersonal, que refuerza la avenida de rechazo. Creen que nadie puede hacer las cosas como ellos, y por ende experimentan la imposibilidad de delegar, y de confiar en otros.

Como desde pequeños recibieron la respuesta del estímulo negativo del rechazo cada vez que se equivocaban o no satisfacían las expectativas de su entorno paterno, repiten el mismo patrón en su manera de relacionarse con los demás, expresando una actitud de superioridad y a veces de desprecio hacia los otros. Esto los lleva a tener una fuerte necesidad de ejercer control sobre los demás. La propia inseguridad y falta de confianza en sí mismo los empuja a la necesidad de controlar la vida de los otros.

Esa intransigencia e intolerancia hacia los otros y hacia sí mismos, los lleva a manifestaciones físicas, tales como los trastornos de alimentación de los que hemos hablado, y otras somatizaciones. La dificultad de «tragar» a los demás, y a sí mismo, se manifiesta como anorexia. Las ganas de «vomitar» fuera de sí cualquier cosa considerada como no aceptable, se manifiesta en comportamientos bulímicos. La intolerancia se expresa en forma de alergias. La irritabilidad que el rendimiento o comportamiento de los demás produce se corporiza en sintomatologías como las de colon irritable.

La manera que tiene de vincularse la persona con falta de aceptación es por medio del reproche o la culpa. Como no puede confiar en los otros, hace las cosas por los demás, aunque después «pase las facturas» por lo hecho. La desconfianza y la incapacidad para delegar hacen que se sobrecarguen, y cuando estás abrumados, reprochan al otro.

El rechazo experimentado y la poca tolerancia a la frustración provocan hostilidad. La hostilidad proyecta hacia otros sentimientos malos, y culpa a los demás de lo malo. No hay una disponibilidad a sensibilizarse con los sentimientos de otros. Nadie puede sentirse aceptado en tanto esté proyectando hacia fuera sentimientos negativos, en tanto no ofrezca aceptación. No se puede tragar y vomitar al mismo tiempo. La hostilidad está en directa contraposición con el sentido de aceptación.

Las personas carentes de un correcto sentido de aceptación tienen dificultades para mantener un vínculo independiente. Generan relaciones de co-dependencia. Y esa conexión culposa y de reproche empieza a ser de ida y vuelta. Se produce un vínculo simétrico, en el que ambas partes esperan lo mismo del otro, y ninguna de las partes hace algo para aportar lo que el otro está necesitando o esperando. Por el contrario, esto refuerza la vinculación por medio del reproche y la culpa.

Como todos nosotros somos criaturas de vínculos, necesitamos sentirnos aceptados. Así que permanentemente estamos buscando la devolución como respuesta positiva que nos haga sentir amados y aceptados. Como en cualquier otro tipo de verificación valorativa, tenemos que encontrar un metro patrón objetivo que sea valorado por nosotros, de manera de dar con la medida estimada. En una sociedad en donde la mayoría de las personas sufren de carencia de aceptación, y por lo tanto no ofrecen aceptación sana, es muy difícil considerar a los demás como medida adecuada. Es decir, esperamos recibir de los demás una reacción que sólo es posible si nos amaran incondicionalmente. Cosa que obviamente no sucede. Esperamos que los demás nos amen incondicionalmente como ellos también esperan eso de nosotros.

Del mismo modo, uno mismo tampoco puede ser el metro, porque precisamente al no haber recibido la aceptación necesaria en la etapa formativa, nuestra autoobservación está distorsionada, y es negativa. No podemos aceptarnos a nosotros mismos. Lindsay Lohan es una de las divas más emblemáticas hoy en día. La popular LiLo llamó «lunático» a su padre Michael Lohan en su *Twitter*. Dijo que él jamás ha estado presente en su vida y lo único que ha hecho es amenazarla a ella y a su familia. Al parecer Lindsay no está nada interesada en reanudar lazos con su padre, famoso a costa de ir contando todos los secretos de su famosa hija. Lo último que dijo el señor Lohan era que Lindsay estaba «a punto de morir» por su adicción a las drogas[50]. ¿Cómo vamos a poder encontrar aceptación en otras personas tan necesitadas de aceptación como nosotros mismos? Cuando nos frustramos y enojamos con los demás por alguna desilusión, tratamos de hacerles daño para vengarnos o nos aislamos.

El sentido de aceptación que es la sensación de sentirnos amados incondicionalmente, se confronta con las experiencias de nuestra niñez en las que nos han hecho creer que debemos ganarnos ese amor. Así que la verificación de los otros, y la autocomprobación no nos sirven. Nuestra percepción está alterada por nuestros estados de ánimo.

Por lo tanto, resulta indispensable buscar otra fuente que resulte estable para recuperar la valoración adecuada y tener una sana aceptación. El psicólogo Maurice Wagner dice muy bien que precisamos de una premisa segura y estable. Como el patrón emocional no lo es, debemos encontrar esa premisa estable en la dimensión espiritual del ser. Y en este sentido, la única fuente confiable de amor verdadero, persistente e incondicional es Dios. La mejor definición que encontramos en la Biblia de Dios es aquella que dice: Dios es amor. Si Dios es amor, entonces, Su amor no puede dejar de ser. Él no puede ser manipulado, porque es Dios. No necesita de nuestro amor para sostener su propio sentido de identidad. No esconde la verdad, por eso su amor, es «amor a pesar de». Es decir, a pesar de lo que yo soy, Él igual me ama. Y me ama no sólo cuando cumplo sus expectativas, sino siempre.

Dios te ama. A Sus ojos tu vida tiene un valor intrínseco. Él te ofrece su aceptación. No porque seas perfecto, porque como te diste cuenta, no lo eres. Te ama y te acepta «a pesar de». Te perdona y te restaura. Y cuando ante su actitud de aceptación, recibes ese amor incondicional, entonces sientes que eres alguien. Y alguien bien importante para Dios, el metro perfecto. Ya no hará falta que hagas nada para que te acepten, porque la perfecta aceptación viene de Dios y está a tu disposición. Ya no necesitarás competir permanentemente con los demás, ni proyectar culpas, ni reprochar, ni ser hostil. Podrás empezar a amar sanamente a otros, porque has comenzado a experimentar ese amor incondicional. Has sido hecho libre de la idea de ser un don nadie.

Podrás perdonar a otros por sus errores y no cumplir con tus expectativas ideales, porque comienzas a comprender que tú tampoco eres perfecto, y sin embargo, Dios te perdona, te ama, y te valora más allá de tus equivocaciones. No necesitarás medirte continuamente para establecer tu valía e identidad, sino que descubrirás tu identidad en tu relación de amor con tu Padre Dios. Ya no necesitamos más autocomprobación, porque sentimos que ya estamos validados. Y cuando sabes que eres alguien para Dios, empiezas a ser alguien también para los demás, y ser un vehículo de amor y de sanidad para los que te rodean.

Dios es absoluto. Esto significa que es más grande que cualquier constante o variable o persona que podamos conocer. Dios no cambia ni es caprichoso en su determinación de amarnos incondicionalmente. Él abarca todas las cosas. Por eso es que relacionarnos con Él y recibir su amor estructura la personalidad con una seguridad incomparable. En medio de las tormentas de la vida, podemos estar seguros apoyados en la infinita trascendencia de Dios por encima de cualquier circunstancia. Él es soberano y todopoderoso. Podemos confiar en Él.

Nuestra seguridad de aceptación no radica en lo que podamos hacer. No depende de nuestra habilidad para cambiar las circunstancias. Nuestra seguridad se basa en sujetarnos a Su plan perfecto, y en creer que en Él tenemos identidad como hijos amados, y somos plenamente aceptados. Cuando confiamos en Dios, y lo dejamos a Él guiar nuestra vida, nos asociamos con quien trasciende cualquier circunstancia. Cuando sólo contamos con nuestros recursos, entonces somos esclavos de las circunstancia. Pero la fe en Dios nos saca del dominio de los valores relativos, y somos impregnados de lo Absoluto, y empezamos a vivir al máximo de nuestras posibilidades. Dicen las Escrituras: *Dios nos hizo aceptos en el Amado Jesucristo*. Efectivamente, por amor incondicional Jesucristo entregó su vida, para demostrarnos definitiva e indudablemente que tenemos su aceptación completa. Ya no necesitas mendigar más un poco de aceptación. Ya no necesitas llamar la atención. Ahora eres alguien.

CAPÍTULO 4
Personas Muy Insatisfechas
por falta de bendición paterna

Un grito sordo se ahogó en sangre. Una pequeña jugadora de tenis acababa de recibir un puñetazo de su padre. El impacto le produjo la rotura de su nariz. La razón es que acababa de perder un partido. Damir Dokic, padre de Jelena, la mejor tenista serbia de la historia, y una de las jugadoras top del circuito, tenía como lema «las boleas, con sangre entran». Las ganancias de Jelena se dispararon pronto por encima de los dos millones de dólares anuales[51]. Cualquiera puede pensar que Jelena es alguien VIP. ¿Pero qué querrá decir eso para ella?

Desde las páginas de la Torah hebrea, surge otro grito desgarrador de un niño. Pero no se trata del clamor de un pequeño golpeado en su nariz, sino que quien lo pronuncia es un hombre de cuarenta años. En realidad era el grito del nenito herido que habitaba en ese hombre de cuarenta años. Su nombre era Esaú, hijo del patriarca Isaac. Su padre había sido engañado por Jacob, su otro hijo, quien se había hecho pasar por Esaú, el hijo mayor, para de esta manera recibir la bendición del padre. Jacob logró su objetivo, y Esaú se quedó sin la bendición paterna. Y entonces Esaú, lloró amargamente y gritó: «*Bendíceme también a mí, padre mío*». Y a partir de ese momento, su corazón se llenó de dolor y de resentimiento contra su hermano Jacob. Esaú se volvió un hombre duro y violento y vivió enemistado con su hermano y separado de él. Llegó a ser una *Persona Muy Importante*, muy rica y poderosa, pero el niñito que vivía dentro de él seguía clamando por la bendición del padre. En realidad fue una *Persona Muy Insatisfecha*.

¡Cuántos seres humanos viven el resto de su vida peleando por lo que no tuvieron y continúan buscando sin encontrar la bendición paterna!

El mundo del deporte hoy en día ha dejado de ser un ámbito simplemente recreativo, para convertirse en uno de los negocios más redituables y convocantes. Los personajes más reconocidos, idolatrados y seguidos por el público precisamente son los deportistas. Si hay hoy en día un ámbito VIP, ése es el del deporte de alto rendimiento. Y desde esa esfera surgen infinidad de historias de hombres y mujeres que claman por la bendición paterna.

El tenis femenino de alto rendimiento es una colección de relatos desgarradores de chicas muy exitosas pero carentes del amor paterno. Las autoridades de la Women's Tennis Association (Asociación de Tenis Femenino) implementaron la regla «Jim Pierce». No, no te equivoques. No se trata de un legislador deportivo, sino que Jim Pierce es el padre de la formidable tenista Mary Pierce, ganadora de dieciocho torneos singles, entre ellos dos de los torneos Grand Slam, Roland Garros y Australia. Jim, que pasó cuatro años en la cárcel por robo, salió de la prisión de

Alcatraz y decidió ganarse la vida a costa de su hija. Mary tuvo que darle medio millón de dólares para que la dejara en paz. «Tenía tanta presión encima que ya no podía más», se quejaba la tenista francesa en los reportajes periodísticos. Su padre, la «alentaba» durante los partidos con gritos siniestros como: «¡Mata a esa prostituta!» La entonces adolescente tenista, muerta de vergüenza, quería que se la tragase la tierra. En varias ocasiones se supo de los abusos físicos y verbales que cometió contra la propia Mary durante los entrenamientos y luego de partidos perdidos. Fue expulsado de Roland Garros por pegarle a un espectador. Las autoridades deportivas no sólo prohibieron su presencia en los torneos, también promovieron la llamada «regla Jim Pierce» para prevenir los abusos de entrenadores y familiares. Pero la regla y la orden de alejamiento no alcanzan para que alguien pueda sanar las heridas provocadas por un progenitor.[52]

En el año 1990 el mismo circuito femenino se vio sacudido por la aparición estelar de una chiquita estadounidense de trece años, llamada Jennifer Capriati, hija de Stefano, un multimillonario de origen italiano. A esa edad ya no tenía rivales en las categorías menores, y entonces debutó en Boca Ratón llegando en su primer torneo a la final. A los catorce años ya había ganado sus primeros torneos, y era una *top ten*. A los dieciséis fue campeona de las Olimpíadas de Barcelona, y firmaba contratos por millones de dólares. Todo el mundo VIP del *jet set* del deporte y los medios masivos de comunicación le dieron la bienvenida a esta niña prodigio.

Sin embargo, un año después, con apenas dieci-siete años, comenzó su tormentosa historia. A pesar de haberse criado en una familia rica, y de haber ganado millones de dólares en su cortísima carrera, en 1993 fue detenida, acusada de robar de una joyería unas piezas de escaso valor. Los diarios de entonces la mostraban como una joven absolutamente vacía. Al año siguiente, según *La Nación*, cuando ya había abandonado el tenis, fue internada en una clínica psiquiátrica, donde se intentó que recuperara su equilibrio afectivo, sin resultados. Ese mismo año fue arrestada por tenencia de marihuana y de cocaína en un hotel de Coral Gables, por lo que fue internada durante veintitrés días en el centro de rehabilitación Monte Sinaí, en Miami. Nadie podía entender lo que le estaba pasando a la llamada «novia de los Estados Unidos»[53].

Lo tenía todo, ¿por qué vivir así? Ella sólo atinaba a contestar que no podía aguantar la presión constante de su progenitor. Los psicólogos decían que la niña prodigio del tenis se estaba rebelando contra el sistema de vida que le había impuesto su ambicioso padre.

Gracias a Dios, Jennifer pudo recuperarse, luego de confesar que en algún momento estuvo a punto de suicidarse. Pero, ¿cuántos jamás lo logran? ¿Cuántos siguen gritando como Esaú: «*Bendíceme también a mí, padre mío*»?

El que sí recurrió al suicidio fue el padre biológico de Martina Navratilova, para muchos la mejor tenista de todos los tiempos. Crecer con un padre biológico ausente, desde muy pequeñita podría explicar muchas de las cosas que luego le tocaron vivir. En su autobiografía titulada «Martina», parece intuir la obvia influencia que ese hecho tan traumático tuvo en su vida: «no tengo idea de cómo me afectó el abandono de mi verdadero padre, los secretos y el suicidio, o a mis sentimientos por ser una inadaptada, una pequeña marimacho delgadita con el cabello corto»[54].

Por supuesto, que la ausencia paterna no se limita a la pérdida física de un padre, provocada por la muerte. Hay padres que están físicamente presentes, que conviven con sus hijos, pero que son padres psico-emocionalmente ausentes, es decir padres sin una presencia significativa en la formación positiva de la personalidad de su hijo. Y este tipo de ausencia es mucho peor que la provocada por el fallecimiento del papá. Porque cuando la muerte golpea un hogar, sucede que muchas veces otro miembro masculino de la familia ocupa de alguna manera ese rol vacante paterno y suple la carencia afectiva. También se da que la madre, por medio de alimentar sanamente el recuerdo y dando una explicación que dé cierto sentido a la realidad de la pérdida, va construyendo internamente en la vida de su hijo la figura paterna.

El problema mayor es cuando el padre está físicamente presente, pero ha desertado de su rol formativo en la vida de su hijo. Porque allí difícilmente otro componente masculino de la familia ocupe esa función, ya que se supone que el padre «está», y no hay historias maternas que puedan explicar una «desaparición» que aparece todos los días.

Muchas de las personalidades VIP de la política sufren de esta orfandad emocional. Ya en la década de los sesenta, Paul Tournier señalaba en su libro *Vio-*

lencia y poder, que a lo largo de la historia un enorme número de líderes políticos de todo el mundo han sido huérfanos. Y habiendo crecido en un contexto de ausencia paterna, de falta de apoyo emocional significativo, es muy probable que hayan buscado como experiencia compensatoria el abrazo de las multitudes, y poder llenar la ausencia paterna, con la búsqueda de poder.[55]

Lamentablemente esta ausencia paterna se está convirtiendo en una pandemia emocional. Estamos viviendo lo que con gran claridad Sergio Sinay ha llamado «la sociedad de los hijos huérfanos»[56]. Se trata de una orfandad funcional. No son huérfanos porque sus padres hayan muerto o desaparecido. Son padres físicamente presentes, y sin embargo sus hijos son huérfanos. Reciben de sus padres VIP cosas desde el punto de vista material, pero no reciben aquello que resulta intransferible, y que tiene que ver con el cumplimiento de las funciones paternas significativas para la formación sana de la personalidad de un hijo. Esto es, presencia, amor, valoración, afirmación, aprobación, seguridad.

Esta ausencia paterna produce grandes vacíos en la personalidad, que no se limitan a la infancia o la adolescencia, sino que quedan de tal manera grabadas en la estructura misma de la personalidad, que acompañan a los adultos por el resto de sus vidas.

Este sentido de desamparo afecta a todo tipo de personas. Las VIP también lo sufren. Es más, en un sentido, muchos de los exitosos de nuestro mundo han llegado a serlo, como reacción a este sentido de orfandad. Es decir, frente a la ausencia paterna, frente al vacío de presencia significativa paterna, las personas reaccionan de manera diferente. Algunos se sumen en una apatía; muchos otros desarrollan un fuerte sentido de independencia que hace que alcancen logros profesionales. Pero lo cierto es que, más allá de las razones de fondo, las personas VIP también experimentan ese sentimiento de desamparo. ¿Habrá alguna forma en que podamos resolver esa orfandad emocional?

Vivimos en una sociedad de padres ausentes. En algunos casos esa ausencia se manifiesta con una relación lejana, distante. Un padre con el cual es muy difícil establecer un contacto profundo. En América latina son muchos los que podrían decir que jamás tuvieron un papá proveedor. Un altísimo porcentaje de los latinoamericanos han tenido una madre «omniproveedora», pero un padre ausente a la hora de sustentar las necesidades básicas del hogar. En el caso de muchos otros la deserción paterna tiene que ver con la falta de un direccionamiento en la vida. El poder dar orientación para encaminar a los hijos, guiarlos. Para millones la desconexión paterna también se ha manifestado en la carencia de contacto físico sano: abrazos, caricias, besos. Un padre duro, no comunicativo, inalcanzable. En otros casos la ausencia es de reconocimiento y valorización de parte de papá. En otros casos, como vimos en un capítulo anterior, la ausencia es de aprobación a causa de un padre perfeccionista que nunca te dijo que estaba orgulloso de ti.

Una de las funciones principales de un buen padre es disciplinar a su hijo. La disciplina contrariamente a lo que muchas veces se ha creído no es castigo ni represión. En América latina ha habido mucho castigo y represión. También pendularmente, en las últimas generaciones, ha habido mucha liberalidad y laxitud, que no han sido otra cosa que manifestaciones de la misma ausencia paterna. Pero lo que no ha habido es disciplina. Disciplinar es hacer del hijo o la hija discípulos para la vida. Es decir, dar una estructura de orientación, valía y orden, de manera tal que el hijo pueda desatar su potencial.

En el plano psicoespiritual, todos los seres humanos proyectamos sobre Dios, la imagen y la relación que hemos tenido con nuestro padre biológico. Así que si hemos tenido un padre ausente, ese sentido de falta de presencia y abandono, de distancia y lejanía, de incomunicación y dureza, de represión y exigencia perfeccionista, de desvalorización e indiferencia, se proyecta sobre Dios, y terminamos creyendo (sintiendo) que Dios es también un Padre ausente. Por supuesto que esto es un proceso inconsciente. Nadie conscientemente está pensando de esta manera, pero absolutamente todos proyectamos sobre Dios nuestra experiencia paterno-filial.

Ésta es una de las razones por las que la religiosidad popular católica de América latina está muchísimo más direccionada hacia la Virgen María, como madre, que hacia Dios como Padre. Porque todos proyectamos sobre Dios nuestra relación con nuestro padre natural. Y es muy probable que algunas de las dificultades que puedas tener para experimentar vivencias espirituales profundas y significativas, tengan que ver con esto.

Si tuviste un padre ausente, es muy factible que sientas que Dios está ausente. Si tuviste un padre no comunicativo, casi seguro que te resulte muy difícil tener una vida de oración, de comunicación con Dios fluida. Si tuviste un padre no proveedor, cuánta ansiedad te produce el tema de la provisión material y qué arduo te resulta creer que Dios puede proveerte para tus necesidades. Y si tuvimos un padre duro, lo imaginamos a Dios duro. Una suerte de Gran Juez del Universo con un garrote en la mano listo para golpearnos cada vez que nos equivoquemos. Y si en el «sorteo de paternidad» nos tocó un papá perfeccionista, sentimos que Dios es inalcanzable, inconformable. Como vimos, infinidad de personalidades VIP del mundo del espectáculo, como Britney Spears o Ashlee Simpson, según los periodistas, sufren de trastornos de alimentación como resultado de padres sobreexigentes. Sentir que siempre estamos en falta, siempre con sentimientos de culpa, siempre sintiéndonos sucios, como que nos falta cinco para el peso. Y si la experiencia fue la de un padre distante, pues Dios está a millones de kilómetros de distancia, lejano, indiferente, desencarnado.

Cuando no hemos tenido la valorización paterna, cuando carecimos de estímulo, cuando nos faltó el direccionamiento y la orientación, cuando no fuimos conocidos como para ser reconocidos y no experimentamos la liberación de nuestro potencial, sentimos que a Dios no le importamos, no le interesamos, que somos seres insignificantes que vagamos por la vida, sin siquiera el aprecio divino. Y si tuvimos un padre que hizo diferencias entre nuestros hermanos y nosotros, marchamos por el mundo creyendo que la bendición de Dios siempre es para otros y nunca para nosotros.

Si tuvimos un padre que no nos afirmó adecuadamente, a pesar de ser ya adultos seguimos siendo niños inmaduros que viven tratando de llamar la atención de los demás, buscando ser reconocidos por los demás. Y así como un original manchado produce fotocopias manchadas, de la misma manera terminamos repitiendo la paternidad experimentada en nuestras paternidades con nuestros hijos biológicos y con nuestros liderados. Somos autoritarios, lejanos, distantes, no liberadores del potencial en los otros, generamos rebeldía y rechazo.

Hace algunos años, compartí con un grupo de espiritualidad para profesionales y empresarios varones una experiencia muy significativa. En un momento en donde todos estaban compartiendo sus vivencias espirituales, un empresario de unos cuarenta años, contó que tenía una hija de doce años que no podía controlar sus esfínteres, y a pesar de su edad se orinaba encima. Este hombre había tenido una fuerte experiencia con Dios hacía muy poquito tiempo. Y estaba tan encendido por esa vivencia que le dijo a su hija: «Hijita, Dios te sana». Y siguió diciéndonos que ese día, por primera vez, su hijita no se orinó. Todos los que estábamos allí nos alegramos. Pero, después de una pausa, continuó su relato diciendo que lamentablemente al día siguiente, su hija volvió a orinarse. Y con los puños cerrados este empresario cerró su monólogo diciendo: «me arrepiento de haberle dicho que confiara en Dios para su sanidad».

Fue entonces que le hice una pregunta. Le dije: «Nunca tuviste un papá que cumpliera sus promesas, ¿verdad?, porque Dios sí va a sanar a tu hija» Y este hombre exitoso en sus negocios, con una clara perso-nalidad de líder, y que ya había superado la barrera de los cuarenta años, se puso a llorar como un niñito, des-consoladamente. Cuando pudo recuperarse algo, lo suficiente como para seguir hablando nos contó lo siguiente: «cuando yo tenía ocho años, mis padres esta-ban separados, y mi papá nos prometía a mi hermano y a mí que nos vendría a buscar para llevarnos de vaca-ciones. Así que mi hermano y yo hacíamos nuestras valijas, y nos sentábamos a esperarlo, y pasaba un día, y dos, y tres, y una semana y nunca venía». Y con sus dedos se golpeaba la frente y entre sollozos decía: «lo tengo grabado aquí, como si fuera hoy», y lloraba y lloraba.

Cuando pudo tranquilizarse un poco, le dije: «¿Lo ves? Estás proyectando sobre Dios, tu experiencia con tu papá. Y como tu papá nunca cumplió sus prome-sas, crees que Dios no va a cumplir las suyas».

No había terminado de decir esto, cuando siento en mi interior la guía de Dios, recordándome una de las frases de Jesús más conocidas: «*Yo soy el camino, la verdad y la vida. Nadie puede venir al Padre, si no es por mí*». Y en mi interior replicaba: «Jesús es el camino al Padre». Jesús es el camino a la restauración de mi pa-ternidad-filiación enferma.

Se construye un camino cuando se presenta una de dos posibilidades. La primera es que se construye un camino cuando no lo hay. Es decir, frente a una pa-ternidad ausente. La segunda posibilidad es que se construye un camino cuando el que está se encuentra deteriorado o destruido, de manera que ya no sirve. Es decir, cuando tuvimos un padre que no nos reconoció, ni guió, ni nos impulsó significativamente en la vida.

Jesús es el camino a la restauración de la paternidad enferma en nosotros. Y esto es el núcleo del Evangelio. Porque allí Dios se revela a sí mismo como Padre. Y Jesús dice de sí mismo que es el camino al Padre. Y el Espíritu Santo dice: Abba, Padre. Es decir: ¡Dios es tu Padre!

Dios es tu verdadero Padre. Tu padre original, que te pensó antes de crear lo creado. No eres meramente el resultado de papá y mamá, sino del amor de Dios y de su diseño perfecto, que hizo que luego en el tiempo establecido, mamá y papá te concibieran aquí en el mundo natural. Pero dice la Biblia que millones de años antes, cuando todavía Dios no había creado nada de lo que existe, Dios pensó en tí y te bendijo con toda bendición.

Tu vida no es accidente. Aunque te hayan dicho que no te quisieron tener. Aunque como le ha ocurrido a tantos, tu propia madre te haya dicho que quisieron abortarte. Tu vida no es una casualidad, sino el resultado del diseño perfecto y amoroso de Dios. Por eso Dios es tu verdadero Padre, tu padre original.

Y cuando puedes entender y creer esto, entonces tu vida toda comienza a reestructurarse. Y si lo crees, entonces Dios tiene que ser de ahora en más tu referencia. Es a Él a quien tienes que escuchar, y no seguir escuchando las viejas voces desvalorizantes, limitantes.

Hay un relato muy interesante en los evangelios, que nos cuenta algo de lo muy poquito que sabemos de la niñez y adolescencia de Jesús. Cuando tenía doce años fue con sus padres y el resto de la familia a Jerusalén a celebrar una de las fiestas principales, la Pascua. Terminada la fiesta, toda la familia volvió hacia Nazaret, y cuando ya había recorrido un día de camino, se dieron cuenta de que Jesús no estaba con ellos. En aquel entonces era toda una compañía de parientes los que viajaban juntos a la celebración. Resulta que el adolescente Jesús se había quedado en el templo discutiendo con los doctores de la ley. Y lógicamente sus padres se preocuparon y cuando lo encontraron, lo reconvinieron. Y el chico de doce años, Jesús, les dice: *¿No sabían que en los negocios de mi Padre me es necesario estar?* Jesús respetaba a José y María, y de hecho el versículo siguiente dice: *y volvió a Nazaret, y estaba sujeto a ellos.* Pero su referencia final de vida no eran ellos, sino su Padre celestial.

El profeta Isaías, luego de proyectar sobre Dios sus frustraciones como hijo, finalmente termina reconociendo que Dios es su verdadero Padre y dice que su nombre es Redentor Perpetuo. Perpetuo significa eterno. Es decir, Dios es nuestro Padre desde la eternidad, el primero. Pero ¿por qué Redentor? Porque San Pablo va a decir que lo contrario al espíritu de esclavitud, no es la libertad, sino el espíritu de adopción. Es decir, la peor de las esclavitudes es vivir con sentido de orfandad. Y la verdadera libertad es experimentar la paternidad de Dios sobre nuestras vidas. *Conoceréis la verdad y la verdad os hará libres*, dijo Jesús. Cuando uno recibe por la fe a Dios como Padre, es verdaderamente libre. Porque la verdad de que tengo padre, la verdad de que soy amado, aceptado, elegido, valioso, bendecido, la verdad de que nadie me puede separar de su amor, me hace verdaderamente libre.

Todos necesitamos un padre, un papá y un papito. El padre es la figura de autoridad, el que provee, el que disciplina, el que le dé dirección a nuestras vidas. Todos necesitamos un padre. Pero también todos necesitamos un papá. El que nos da valorización, aprobación, afirmación. Y todos necesitamos un papito, que juegue con nosotros, que exprese amor físico sano.

Quiero decirte que Dios es tu Padre, tu Papá, y tu Papito. Él Es tu Padre. Por eso Jesús nos enseñó a orar:

Padre, nuestro que estás en los cielos. Santificado sea tu nombre, venga tu Reino. Figura de autoridad.

Hágase tu voluntad como en el cielo aquí también en la tierra. Guía y direccionamiento.

El pan nuestro de cada día dánoslo hoy. Proveedor.

Perdona nuestras deudas. Disciplina.

Y líbranos del mal. Protección.

Es decir, en Dios puedes tener un Padre, que con su autoridad te guíe y direccione, te provea y haga de ti un discípulo en la vida enseñándote a vivir bien, bajo su protección.

Pero en Dios también tienes la posibilidad de tener un Papá. Cuando Jesús fue bautizado, se oyó la voz de Papá que le dijo: *éste es mi hijo amado, en quien tengo complacencia.* Y Dios quiere que escuches y recibas las mismas palabras. Es decir, que puedas contar con su amor y valorización de Papá.

Y también en Dios puedes tener un Papito. Porque el Espíritu Santo dice dentro de cada creyente: Abba. Ésta es la primera palabra que los bebitos árabes y judíos dicen: Abba. Y significa: papi, papito. No hay necesidad de seguir viviendo como huérfanos. Con Dios podemos tener Padre, Papá y Papito.

Me toca charlar muchas veces con adolescentes que son hijos adoptivos. A la mayoría de ellos sus actuales padres los adoptaron por amor y les han dado lo mejor que pudieron en todos los niveles. Sin embargo, muchos de estos chicos siguen con la llaga de huérfanos, de abandonados. Yo les hablo y les digo que mientras sus padres biológicos sigan siendo su referencia de vida, seguirán siendo huérfanos y abandonados el resto de sus vidas. Pero que es preciso que cambien de referencia. Y que esa nueva referencia sean sus padres adoptivos. Y les digo: «un día tus padres adoptivos por amor te adoptaron como hijo. Pero ahora, si no deseas seguir siendo un huérfano el resto de tu vida, eres tú el que tiene que adoptarlos a ellos como padres».

¿Por qué te cuento esto? Porque la Biblia dice que Jesús es el camino al Padre. Y que cuando nosotros ponemos nuestra confianza en él, Dios Padre nos adopta como hijos. Esa experiencia vivencial está disponible para cada uno de nosotros. Pero puedes seguir con sentimientos de orfandad el resto de tu vida, mendigo de amor, de reconocimiento, a menos que hoy seas tú el que lo adopta a Dios como Padre, Papá y Papito.

No somos personas VIP cuando tenemos el aplauso de los demás, porque esto puede llegar a ser simplemente una droga, que nos empuja a necesitar cada día una dosis mayor. Ese reconocimiento humano, nos hace personas *Personas Muy Insatisfechas*. Insignificantes porque el vacío interior está invicto y la insatisfacción latente. Somos VIP, *Personas Muy Importantes*, cuando nuestro interior es sanado por una paternidad incondicional, afirmadora, valorizante, amorosa y perpetua. La de Dios, que está esperando que lo adoptes como Padre, Papá y Papito.

CAPÍTULO 5

Personas Muy Insatisfechas
por falta de paz

Si hiciéramos una encuesta entre la gente común, y le preguntáramos: «¿Cómo sería su vida si ganara dieciocho millones de dólares por año, durante diez años?», seguramente la mayoría de las personas responderían: «Mi vida sería la más dichosa y relajada que pudiera existir». Pero si la encuesta la hiciéramos entre gente VIP, probablemente la respuesta sería diferente.

Efectivamente Matthew Perry, uno de los protagonistas de la mundialmente famosa serie de TV *Friends*, que en la ficción encarnaba al sarcástico y traumático Chandler Muriel Bing, reconoció que grabar todos los días el programa y cobrar un cheque de 750.000 dólares por capítulo (la serie está compuesta de diez temporadas de unos veinticuatro capítulos cada una, es decir, 18 millones por año durante diez años) podía acabar con la salud y la cordura de cualquiera[57].

Pareciera que las estrellas de Hollywood no siempre son tan plenos como se muestran ni tan felices como suelen reflejarlos las pantallas de cine o televisión. ¿Qué tienen en común Scarlett Johansson, Calista Flockhart, Gwyneth Paltrow, Mariah Carey, Matthew

Perry, Courteney Cox, Robert Pattison y tantas otros famosos del espectáculo? Todos ellos confiesan haber sido víctimas del estrés. ¿Las celebridades sufren estrés? Sí. ¡Y cómo!

Giga, Hoel y Cooper escribieron un informe sobre el fenómeno de estrés en el mundo del jet set. El estrés en los artistas célebres sigue los mismos patrones que en el resto de las personas, aunque obviamente adquiere características particulares. El famoso pánico escénico, que es la ansiedad que precede a una representación teatral, es una manifestación de estrés muy frecuente entre los actores, músicos, artistas y otros intérpretes. La tensión provocada por sentirse siempre evaluados por la crítica, el público y aun sus pares, aumenta significativamente el estrés de muchos y consagrados artistas[58]. En una muestra de 162 artistas intérpretes y ejecutantes de instituciones como la Orquesta Sinfónica de Londres, la Royal Opera House y la English National Opera, cerca de un tercio de los actores, bailarines y cantantes, así como la mitad de los músicos, dijeron sufrir síntomas de ansiedad antes de las representaciones. Entre los bailarines también se registró un elevado índice (38%) de depresión.[59]

El estrés se produce cuando los sucesos de la vida, ya sean de orden físico o psíquico, superan nuestra capacidad para afrontarlos. Aunque puede afectar a todos los órganos y funciones orgánicas, sus efectos se concentran principalmente sobre el corazón y el sistema cardiovascular, que se ve obligado a trabajar de forma forzada, y sobre el sistema inmunológico, que reduce su efectividad, lo que provoca una baja en las defensas contra las infecciones, y probablemente también contra otras enfermedades.

El famoso médico estadounidense, doctor Howard Murad, dermatólogo que atiende a las grandes *celebrities*, como Uma Thurman, Brooke Shields y Cheryl Tiggs, explica qué es el estrés cultural. «Lo veo en mis pacientes, que están en un estado de estrés constante. Están siempre corriendo, para cumplir con todas sus obligaciones y no tienen tiempo para disfrutar de sus vidas. El estrés común está ligado a un problema puntual, y la diferencia con el estrés cultural es que éste es permanente. Vas al *shopping*, y la música está a todo volumen; en la televisión sólo hay malas noticias; el tránsito es un caos; vuelves a casa y te conectas con la computadora durante horas. Sientes que tienes que ser perfecto y hacer todo cada vez mejor. Nuestra cultura nos pone bajo una situación de estrés permanente. El estrés cultural incide en nuestra vida cotidiana, nos afecta el organismo y nos crea serios problemas de salud. Es acumulativo, nos desordena tanto mental como emocionalmente y causa estragos en el bienestar físico.»[60]

Hoy en día la palabra «estrés» es conocida prácticamente por todos y muchos dicen que representa la enfermedad del siglo XXI. Prácticamente todos, en algún momento, sufrimos de estrés ocasionado por muchas presiones ya sea de tipo económico, familiar, laboral, etcétera. Pero esto no es todo, cuando esos estados se mantienen en el tiempo, también produce efectos anímicos como la depresión, la irritabilidad, el pesimismo.

Si para la gente común puede resultar loco pensar que alguien se estrese ganando tanto dinero, no menos extraño resulta pensar en el estrés provocado por la fama y la admiración. Pero otra vez, para las personalidades VIP, no lo es. El actor inglés Robert Pattinson, protagonista de la saga *Crepúsculo*, dijo que estaba estresado por el constante acoso de las fans estadounidenses, que no lo dejan tranquilo en ningún momento durante sus estadas en Nueva York. Perdió mucho peso, duerme mal, tiene que estar cambiando constantemente de hoteles y suele estar bastante nervioso. Cuando rodaba el film *Remember Me*, al intentar escapar de los fans casi fue atropellado por un taxi[61].

La actriz Scarlett Johansson, considerada una de las mujeres más *sexys* del mundo, confesó que la fama puede ser muy estresante y que no soporta la alfombra roja. Pero que para escapar de las situaciones de ansiedad, «viaja mentalmente a Hawai»[62]. Claro, estos truquitos en la realidad no sirven de mucho. Leí el comentario de un crítico que recomendaba otro truco: ver la serie *Friends* como un buen pasatiempo para combatir el estrés. Sin embargo, parece que los protagonistas de la serie hace tiempo que no vuelven a ver los viejos capítulos, o si lo hacen, no les alcanza. Porque varios de ellos reconocen ser víctimas del estrés. La actriz Courteney Cox, que durante la realización de la serie ganaba un millón de dólares por semana por encarnar el personaje de Mónica, reconoce sufrir estrés a la hora de compatibilizar su vida laboral con el hogar, y como consecuencia ha perdido mucho peso. Mientras que el citado Matthew Perry, cuando trabajaba en la serie, tuvo que batallar para reducir peso y admitió ser adicto a un producto de adelgazamiento con consecuencias para su salud. Al menos en dos oportunidades se ha internado, en una de ellas en un centro de desintoxicación de Los Ángeles, por su adicción a los tranquilizantes. Luego, el actor bajó casi 40 kilos. Salió a desmentir que sus desórdenes en el peso eran el resultado de la anorexia o la bulimia. Pero sí reconoció que sus problemas se debían al estrés. Finalmente fue internado de urgencia por sufrir fuertes dolores de estómago luego de excederse con el Vicodin, un analgésico narcótico opioide[63].

Uno podría preguntarse: ¿los actores pagan el precio de ser célebres, con estrés y adicciones? Gwyneth Paltrow, por ejemplo, declaró que hace terapia para sobrellevar la presión social, después de haber ganado el Oscar por su actuación en *Shakespeare apasionado*. No sólo lo laboral es causa de estrés, sino que los fracasos afectivos son causales mucho más graves aún para la ansiedad y el estrés. La ex mujer de Brad Pitt entró en una gran depresión luego de la ruptura.

La extraordinaria cantante Mariah Carey experimentó una situación aún más dramática. La *pop star* fue internada de urgencia cuando terminó su relación con Luis Miguel, luego de tres años de pareja. Aunque fue desmentido por su vocera, la situación fue tan delicada que el diario británico *The Sun* llegó a publicar que Carey intentó suicidarse en un hotel de Nueva York. Cindy Berger, su representante, desmintió a los medios que Carey y el cantante estuvieran separados, y por supuesto negó enfáticamente el intento de suicidio. No obstante, sí se encargó de divulgar que la cantante se había internado, en Nueva York, por el estrés que estaba padeciendo. El diagnóstico oficial de la estrella fue que padecía «agotamiento extremo». En ese momento, Berger explicó: «Mariah es humana y puede enfermarse. Está agotada física y emocionalmente. Tiene fatiga extrema y por orden de los médicos debe hacer reposo total por tres semanas»[64].

Millones de dólares, fama, belleza, popularidad, admiración, no inmunizan contra el estrés, sino que pareciera que podrían ser ingredientes que añaden un plus. ¿El detentar poder será acaso una buena vacuna contra esta epidemia social? Pareciera que todo lo contrario. Según el doctor Marc Siegel no hay duda de que el estrés se cobra su peaje alto en los políticos. Una investigación que publica la cadena Fox, indica que tomando sólo en cuenta la campaña electoral a la presidencia, Barack Obama habría envejecido casi dos años y medio durante ese tiempo a causa del estrés.[65]

La periodista del diario *La Nación*, Valeria Shapira, afirma en un artículo que el estrés es una grave amenaza para la salud de los políticos. Ella dice que la mayoría niega sufrir de estrés, porque reconocerlo sería admitir una debilidad. Y como consecuencia de esta negación, piden ayuda cuando es demasiado tarde. Así le pasó, en el año 2003, al entonces gobernador de la provincia de Santa Fe, Carlos Reutemann, quien por más de dos meses no pudo desarrollar ninguna actividad oficial, debido a problemas gastrointestinales causados por el estrés. Reutemann en el pasado fue un destacado piloto de Fórmula 1, la categoría top del automovilismo deportivo. Ser piloto de Fórmula 1 supone una de las actividades más tensionantes que puedan existir, debido a la concentración que exige y al riesgo constante que se asume. Un error puede significar perder la vida. Sin embargo, Reutemann pudo soportar la presión de la alta competencia y la tensión del peligro de muerte sin sufrir dolencias físicas causadas por el estrés. En cambio, el mundo de la política pudo más.

Siempre que hablo de las presiones que las personalidades VIP tienen que enfrentar, un amigo me dice: «¿Presión? Presión verdadera es la que sufre el pobre hombre a quien no le alcanza para comer...» Es cierto, quien padece necesidades básicas, obviamente también experimenta presión. Sin embargo, eso no descarta que las personalidades VIP, en especial los gobernantes y los políticos, sufran un nivel de presión superior a la media. Viven sobreexigidos, obligados a estar siempre con el máximo de atención, de concentración, y mostrando una imagen casi perfecta todo el tiempo. En el caso de Barack Obama y su campaña preelectoral, durante casi dos años el actual presidente durmió cada noche en un lugar distinto. Según los especialistas esto provoca un desgaste y un agotamiento únicos.

La presidenta de la Argentina, Cristina Kirchner, en enero del 2009, sufrió una lipotimia que le obligó a suspender su viaje a Cuba y Venezuela donde iba a entrevistarse con Raúl Castro y con Hugo Chávez. Además del desmayo, la Presidenta presentó signos de anemia y de deshidratación, y los médicos llegaron a considerar la necesidad de internarla. Según el diario *Clarín*, el entonces jefe de gabinete Sergio Massa, dijo que la Presidenta tuvo que suspender también sus actividades y actos locales, debido al cuadro que había sufrido. Su esposo, el ex presidente Néstor Kirchner, recientemente fue operado de una afección en la arteria carótida. El cirujano Víctor Caramutti que lo intervino dijo que este tipo de operación son una rutina hoy en día, en una sociedad caracterizada por el estrés.

El doctor Daniel López Rosetti, cardiólogo y presidente de la Asociación Argentina de Medicina del Estrés, le dijo a la periodista Shapira que las amenazas de estrés, llamadas estresares, que sufre un político, son propias de sus exigencias. Sin embargo, la capacidad para tener control sobre las presiones, determina el nivel de estrés de cada uno. Por su parte, el psicólogo Orlando D'Adamo, pone como ejemplo de alguien sobrepasado por el estrés, al ex presidente de los Estados Unidos de América, Richard Nixon, cuando tuvo que enfrentar el famoso escándalo de Watergate. El estrés lo condujo a cometer una sucesión de errores, que culminaron en su renuncia.

En la crisis económica de la Argentina de diciembre del 2001, con espacio de apenas media hora, tuve que atender a dos ejecutivos de dos grandes empresas, que estaban pasando por la misma etapa de sus vidas, y experimentando la misma circunstancia negativa. Los dos tenían aproximadamente cincuenta años, y los dos acababan de ser despedidos de sus puestos laborales. El primero vino y me dijo: «Carlos, estoy deprimido, me acaban de echar de mi trabajo, y a esta edad resulta imposible poder conseguir otro puesto». Pero el segundo, que estaba viviendo lo mismo me dijo: «Estoy muy contento, porque me acaban de echar de mi trabajo, y siento que a esta edad es la gran oportunidad que siempre estuve esperando para independizarme y emprender lo que siempre quise». La misma circunstancia, aparentemente negativa, condiciones similares, sin embargo, la reacción fue completamente diferente. Porque lo que nos pasa no es lo más importante, sino lo que hacemos con lo que nos pasa.

Precisamente esto era lo que el ex senador estadounidense Robert Kennedy aseguró que sucedió durante la crisis de los misiles en Cuba en 1962. Aquel enfrentamiento histórico entre los Estados Unidos y la Unión Soviética puso en evidencia dos clases de actitudes entre quienes debieron tomar decisiones desde el poder. Según el ex senador, algunos perdieron el juicio y la estabilidad, mientras que otros, por el contrario, se mostraron creativos e ingeniosos.

Estas diferencias se ven también manifestadas en las cuestiones de salud. El general Charles de Gaulle sobrellevó sin problemas una diabetes que lo acompañó durante toda su carrera política. Pero completamente diferente fue el caso del presidente argentino Roberto M. Ortiz, que, prácticamente ciego a causa del mismo mal, debió renunciar a su cargo en junio de 1942 y murió algunos meses después.

Lo cierto es que el estrés deja inevitablemente sus huellas físicas en personalidades con tanto nivel de exigencia. El fallecido ex presidente de la Argentina, Raúl Alfonsín, acostumbraba responder cuando se le preguntaba sobre el estrés que sufría, y cómo se encontraba: «Estoy muy bien, siempre que no me abran el capot». Shapira agrega con mucha perspicacia, que el caso De Gaulle es llamativo en otro sentido: el del estrés que provoca la pérdida de poder. El «hombre del destino», tal como lo llamó Winston Churchill, perdió el apoyo de los franceses luego de la revolución estudiantil de 1968 y de un referéndum lanzado en

1969. Pasaron apenas dieciocho meses para que De Gaulle muriera, súbitamente, por la ruptura de un aneurisma[66].

Todos los especialistas coinciden en decirnos que el hacer actividad física, practicar algún deporte, resulta esencial para manejar los niveles de estrés. Claro, siempre y cuando, el deporte no sea tu actividad central en la vida. Porque si eres un deportista de alto rendimiento, tampoco estás inmunizado contra el estrés. «¿Qué sufrimiento es éste? ¿Qué hago yo aquí? ¿Es esto masoquismo?» Jorge Pina es un deportista de elite. Es nada menos que el campeón de Europa de sable, pero es también quien formula estas preguntas. El esgrimista vive encorsetado por su viajar continuo, su entrenarse sin descanso y su trabajar sin pausa. Tiene treinta y un años y un título de ingeniero de minas. Su calendario de pruebas le deja solamente dos fines de semana libres al año. Y aunque Jorge trata de ser optimista y relajarse antes de cada competencia, su cuerpo desmiente lo que intenta. «Perdí peso por la clasificación olímpica, por lo que estaba arriesgando. Soy un becario muy viejo y me doy cuenta de que seguramente estoy sacrificando parte de mi vida profesional por el sueño de una medalla olímpica. El estrés de las dudas sobre la clasificación, unido a la vida que llevo, se han hecho muy duros en estos meses. La clasificación olímpica son dieciséis viajes en ocho meses, una paliza. Y acabas harto. Lo que te cansa es no tener vida, la locura de llegar a Madrid y ver a tu gente corriendo. No disfrutas: saludas y te vas. Te quedas sin amigos»[67].

Un entrenador de alta competencia explica de qué manera el estrés está relacionado con la dureza diaria del entrenamiento. Hay una fina línea que separa el entrenamiento y el sobreentrenamiento, cuando el estímulo del acondicionamiento psicofísico de los deportistas pasa a ser un sobre-estímulo, y se convierte en estrés.

Cuando esto ocurre, los deportistas caen en un desgano pronunciado para entrenar. En estas circunstancias acecha no sólo un detrimento en el rendimiento de los atletas, sino que también la enfermedad. Un ejemplo de esto es la famosa «sequía goleadora» de los futbolistas. Cuando un goleador pasa por un período prolongado en esa situación de desgano, corre serios riesgos de lesiones, fracturas, rotura de ligamentos. Ellos inconscientemente no tienen ganas de estar en la cancha, y entonces sus cuerpos los sacan de las canchas[68]. Tal vez esto fue lo que sucedió con Fernando «el Niño» Torres, el fantástico goleador del Liverpool y de la Selección de España. Su sequía goleadora de ocho meses en el Anfield Road Stadium fue acompañada por varias lesiones.

La sección deportiva del diario *La Nación* reveló una noticia originada en Turín, Italia. El fiscal italiano Raffaele Guariniello, especializado en investigaciones deportivas, abriría una causa por homicidio involuntario en contra de la Federación Italiana de Fútbol. En los últimos treinta años, de cada veinte futbolistas italianos fallecidos prematuramente, uno sufría una extraña forma de esclerosis hasta ahora incurable, que afecta de manera progresiva los músculos de las piernas y de los brazos para atacar finalmente el tórax y provocar la muerte por sofocamiento. Esta enfermedad se llama «SLA» o «Síndrome de Lou Gehrig», por el nombre del jugador de béisbol que fue víctima de ella. Entre los jugadores italianos más conocidos que han sufrido esta enfermedad están Guido Vincenzi, que jugó en Sampdoria durante la década del setenta, y otro es el de Giorgio Rognoni, perteneciente a Fiorentina en esa misma época. Pero, ¿cuál es la causa para el «SLA»? La hipótesis científica más sostenible es que el «SLA» es una enfermedad provocada por el estrés, el cansancio, la excesiva tensión y las situaciones traumáticas que la práctica de ciertos deportes causa[69].

Y, como es sabido, el fútbol es un gran generador de situaciones límite que elevan la tensión a niveles increíbles. Me ha tocado atender a varios jugadores de fútbol, y todos declaran que se sienten sometidos a presiones increíbles. Aun siendo estrellas consagradas, continuamente están rindiendo exámenes. Ante el director técnico que es quien elige ponerlo como titular, o sacarlo. Ante los dirigentes, que son los que negociarán su contrato, y determinarán su valía, por medio de la paga económica. Ante los empresarios y representantes que según su rendimiento le podrán conseguir transferencias que determinarán su futuro económico y deportivo. Ante sus pares y competidores. Ante el periodismo, que muchas veces es durísimo con la crítica, y algunos hasta mal intencionados. Ante el torneo y las presiones de obtener títulos, no descender, hacer buenas campañas. Ante el público, para quien un día un jugador es su ídolo, y al otro día lo insultan despiadadamente.

Ni hablar de la presión que sufren los directores técnicos de fútbol, especialmente en países tan fanatizados, como Argentina, Brasil, Italia, en donde el triunfo y la derrota deportivas son cosas de vida o muerte. Ángel Cappa, que dirigió en varios equipos de España, de Argentina, México, Perú, Uruguay y Sudáfrica, escribió en su blog el 12 de noviembre del 2009: «El estrés es como una olla a presión, donde de pronto suena una campanita y avisa que todo está por estallar»[70]. Pocos días después de escribir estas palabras, la campanita sonó, y todo estalló, porque tuvo que renunciar a la dirección técnica de Huracán de Argentina, luego de una campaña extraordinaria.

El doctor Enrique Cantón Chirivella dice que el estrés es un proceso emocional que comienza cuando la persona considera una situación o circunstancia como una amenaza porque entiende que debe resolverla pero se considera incapaz de ello, la reacción que sigue es de ansiedad, con ideas angustiosas, sensaciones de temor y agobio, síntomas físicos de sobreactivación (sudoración excesiva, taquicardia, tensión muscular, etcétera.) y una tendencia a evitar o escapar de la situación que le genera el malestar[71].

Saber manejar la presión es hoy en día más importante que manejar muy bien la técnica de cualquier deporte o arte. Un ejemplo es el tenis de alto nivel, los especialistas dicen que no hay mayores diferencias técnicas entre los primeros cincuenta jugadores en el *ranking* mundial. La gran diferencia entre los cinco jugadores top, y el resto, consiste en su mentalidad, que no es otra cosa que la capacidad de manejar las presiones.

Para muchos, Marat Safin ha sido uno de los tenistas más talentosos de la última década. Y aunque llegó a ser número uno del mundo, durante varias semanas en el año 2000, la sensación de que pudo haber permanecido en esa posición por mucho tiempo más es mayoritaria. Sin embargo, el talento del extraordinario tenista ruso no fue suficiente para esto. El propio capitán de la Copa Davis y la Copa Federación de Rusia, Shamil Tarpishchev, considera que Safin desperdició la mayor parte de su enorme talento. Para otros, su desperdicio se debe a que ha sido uno de los más díscolos, y algunos lo han criticado por su falta de apego a los entrenamientos. Pero, el propio jugador se encarga de negar rotundamente esto: «Mucha gente se creyó que yo era muy flojo para entrenar. Pero le pueden preguntar a todos mis entrenadores sobre mi dedicación al tenis. Van a decir que es lo opuesto de lo que mucha gente piensa».

Entonces, ¿cuál sería la explicación para que semejante potencialidad no se haya desarrollado al máximo? Tal vez, una respuesta a esta pregunta la podamos encontrar en sus declaraciones del día 11 de noviembre del 2009, cuando al perder con el argentino Juan Martín del Potro, Safin se retiraba definitivamente del tenis. Safin indicó que lo bueno de retirarse es que ya no tendrá que lidiar con las presiones: «Se vive con un estrés constante. Es lo que odiaba. No tienes tiempo para descansar. Un día eres top 10 y luego caes al 150. Y remontar es durísimo. Es una vida muy complicada».[72]

Para poder llegar a ser número uno es indispensable saber manejar las presiones. Y paradójicamente, cuando llegan a esa posición, el estrés es tan grande que la mayoría termina sucumbiendo. Guillermo Vilas, el tenista argentino más extraordinario de todos los tiempos, expresó la cuestión así: «Nunca estuve más solo en mi vida como cuando fui el número 1 en 1977. Era un cardo. Solo, solo. La gente puede pensar que fue un año espectacular. Yo deseaba que terminase cuanto antes»[73].

Al lector que se considera dentro del grupo de las personas VIP, estas declaraciones no le resultan extrañas. Porque cada uno en su ámbito conoce la presión, el estrés de estar en posiciones de liderazgo. Para el lector que aspira alguna vez llegar a ingresar al club VIP de las personalidades y celebridades del mundo del arte, de la política, de la ciencia o del deporte, tal vez le cueste poder entender que teniéndolo «todo», alguien pueda sentirse tan agobiado y estresado. Tal vez comprender los componentes de personalidad de quienes, según nuestra sociedad son gente VIP, y llegan al estrés, podrá ayudar para entender mejor el estrés de los líderes políticos, del mundo del arte, de los medios de comunicación, del deporte, de los negocios. Lo que popularmente llamamos personalidades VIP, en 1959 los cardiólogos Meyer Friedman y Ray Rosenman lo categorizaron como patrón de conducta tipo «A». Su investigación apuntó a determinar cuáles eran los rasgos de personalidad de pacientes que habían sido afectados por un infarto de miocardio. Y ellos observaron en estas personas la existencia de un intenso deseo de tener éxito y una competitividad elevada. Un esfuerzo constante orientado hacia el logro de objetivos. Un gran deseo de reconocimiento y prestigio social. Una muy baja tolerancia a la frustración. Un involucramiento por parte de la persona en actividades que superan sus posibilidades de tiempo y que le exigen desmedidamente. Una impaciencia acentuada y una marcada tendencia a la respuesta hostil. Un constante y extraordinario nivel de alerta físico y mental. También probaron que el riesgo de trastornos cardiovasculares se presentaron con una frecuencia siete veces mayor en este grupo que en el resto de las personas. Como se puede apreciar, la mayoría de las personas que entrarían en la categoría VIP, reúnen estas características.[74]

El estrés cultural no afecta solamente a los adultos: los chicos también lo sufren. El doctor Howard Murad dice que «los mismos padres están a menudo muy ansiosos por lograr una vacante en el mejor jardín de infantes, tanto que a veces incluso los ponen en una lista de espera. Después, cuando están en el colegio, la preocupación pasa a ser en qué actividades extracurriculares anotarlos. Esto pone a los chicos bajo presión para que se destaquen. Y, a su vez, hace que los padres tengan que ganar cada vez más dinero para pagar por la educación y por las actividades, así que necesitan trabajar cada vez más horas... y así se genera un círculo vicioso, que no se detiene...»[75].

Además de las cuestiones personales, el contexto en el que vivimos es absolutamente estresante. Estamos envueltos en una crisis financiera a nivel mundial cuyos efectos no se han diluido y que aparecen como nubes amenazantes en el horizonte de la gente. No sólo se han caído las Bolsas, las acciones, sino que principalmente se han caído algunos paradigmas que nos ofrecían seguridad. Uno de esos paradigmas que ya no funcionan más es el del «otro lugar». Los que vivimos en países en vías de desarrollo, estamos entrenados en crisis y en todas las crisis pasadas, la gente decía: «me voy del país, me voy a vivir a otro lado». Pero hoy no hay más otro lado. Porque los países centrales o más poderosos son los que más han sufrido la crisis. Así que no hay otro lugar, no hay más lugar seguro. Es el fin de las certidumbres. El otro paradigma que ha caído es el de lo interno-externo. Antes uno sufría por causa de malas decisiones, se enfermaba por no cuidarse adecuadamente, perdía su trabajo por no cumplir. Pero en este mundo de incertidumbres uno cumple con su trabajo pero la crisis hace que quedes cesante, eso provoca un estrés tan fuerte que termina enfermando.

Un gran especialista observó esto cuando atendiendo a un hombre gerente de una AFJP se dio cuenta de que no servía de mucho medicarlo porque no era él el que estaba enfermo, sino el entorno.

En el siglo XXI, cuando el ser humano ha controlado tanto la naturaleza, seguimos enfrentando sin embargo un medio hostil y amenazante. Ya no nos atacan bestias salvajes, sino una crisis de seguridad que nos llena de ansiedad y de estrés.

Y lo que los expertos nos dicen es que frente a un evento-amenaza externo el psiquismo reacciona de distintas maneras. El estrés y el trauma son algunas formas. Se produce lo que algunos especialistas como Mordechai Benyakar han llamado síndrome de ansiedad por disrupción. ¿Qué es la disrupción? Una implosión repentina del mundo externo en lo interno que altera el funcionamiento del psiquismo. La ansiedad o estrés por disrupción produce un estado difuso y ambiguo entre el afuera y el adentro. Las personas viven una situación en que el mal está representado por amenazas que son atribuibles a voluntades humanas difícilmente ubicables: la corrupción, el mercado, el sistema financiero. Es decir, a diferencia de una neurosis o una fobia, que alteran el psiquismo por una vulnerabilidad del sujeto, la ansiedad por disrupción se genera ante peligros reales externos. La amenaza vaga requiere un proceso de constante alerta que hace que el ser humano esté en permanente estrés[76].

Si el dinero no evita el estrés. Si la fama lejos de aliviarlo, lo potencia. Si el deporte no es una solución definitiva. Si el poder agiganta el fantasma del estrés y si hacer lo que a uno le gusta, como la mayoría de los que hemos mencionado reconoce, tampoco lo termina de resolver, ¿qué podemos hacer para aliviar las punzadas del estrés con sus terribles consecuencias emocionales y físicas?

Resulta muy interesante el estudio realizado por la Universidad de Toronto, Canadá, y dirigidos por el profesor de Psicología Michael Inzicht. El especialista sometió a diversos estudios a los participantes, quienes cumplimentaron un test de control cognitivo, mientras tenían en su cabeza colocados electrodos que medían su actividad cerebral. El resultado publicado por la afamada revista *Psychological Science* indica que creer en Dios puede bloquear la ansiedad y minimizar el estrés. No se trata de un estudio llevado adelante por alguna Iglesia o religión, sino por científicos. Comparados con los agnósticos, los participantes que declararon creer en Dios, mostraron una actividad significativamente menor en el córtex cingulado anterior.

Esta parte del cerebro ayuda a modificar la conducta avisando cuándo la atención y el control son necesarios, en respuesta a alguna situación que produce ansiedad, como por ejemplo, cometer un error. El científico explicó: «Puede pensarse que esta parte del cerebro actúa como una campana de alarma cortical que suena cuando un individuo se ha equivocado o sufre experiencias inciertas». Y luego Inzlicht agregó: «Encontramos que la gente religiosa o incluso aquella que simplemente cree en la existencia de Dios muestra una significativamente menor actividad en esta porción cerebral cuando comete errores. Sufren mucha menos ansiedad y sienten menos estrés cuando cometen errores». Además el estudio también encontró que los participantes creyentes cometían menos errores en el test cognitivo que sus compañeros agnósticos.

¿La fe como efecto tranquilizante? Estos estudios muestran que la fe en Dios ejerce un efecto tranquilizador en los creyentes, que los hace menos predispuestos a sentir ansiedad cuando cometen errores o hacen frente a lo desconocido[77].

«Paz espiritual», declara el senador Antonio Cafiero —setenta y ocho años de edad y sesenta en la política— cuando se le pregunta si existe algún secreto para manejar esta variable durante tantos años de carrera. «Las convicciones religiosas me ayudan a soportar las presiones», explicó a La Nación, uno de los políticos argentinos más reconocidos[78].

Pero si la paz espiritual es la que puede darnos alivio al estrés personal y cultural en el que vivimos, ¿cómo lograrla? Las búsquedas son infinitas. El problema de estas búsquedas infinitas es que lo único que revelan es la ineficiencia de esas alternativas para otorgarnos paz. La paz que las distintas opciones proponen tanto en el plano colectivo, como en el plano personal, no alcanza, porque no trata con la raíz de nuestras contiendas y peleas que es el corazón del hombre no reconciliado con su Creador.

Es tiempo de ir a la raíz del problema que es nuestra separación de Dios. La insatisfacción en todas sus manifestaciones, psicológica, económica, social, afectiva, familiar, nos desarmonizan y nos llenan de angustia y desesperación. Pero cuando nos volvemos a Dios, entonces también podemos llevarle nuestras necesidades a Él, y saber que Él se ocupa de nuestras necesidades. Cuando entendemos que en Él tenemos un Padre que nos ofrece completa aceptación, ya no vivimos con esa hostilidad y esa competitividad enfermiza. Ya no somos víctimas del temor a no cumplir las expectativas, porque sabemos que tenemos la aprobación de Dios. Cuando tenemos la seguridad del amor de Dios y lo experimentamos en nuestras vidas, entonces ya no necesitamos correr detrás de zanahorias de éxito que terminarán esclavizándonos. Ya no perseguimos logros para tratar de «ser», sino que alcanzamos logros como expresión de lo que en Dios ya somos.

Por eso Jesús dijo: «*Les doy la paz. Pero no una paz como la que da el mundo; lo que les doy es mi propia paz. No se preocupen ni tengan miedo por lo que va a pasar*». Cuando Jesús pronunció estas palabras a sus discípulos, ellos fueron sacudidos por los dichos de su Maestro. Ellos habían visto durante tres años a Jesús vivir con una paz que nunca antes habían visto en ningún hombre. Habían visto cómo enfrentó las dificultades de la vida, los peligros, la oposición, el sufrimiento, los triunfos, las luchas, las tentaciones, la aproéstas, sin perder jamás su paz. Pero ahora, el propio Jesús, les dice que esa paz que ellos habían visto en él, esa paz perfecta, permanente, única, superadora de toda circunstancia, ¡se las impartía a ellos! Eso explica perfectamente la transformación extraordinaria, dramática, que aquel puñado de discípulos experimentó. De ser hombres inseguros, inestables, competitivos, egoístas, de pronto se convirtieron en hombres estables, firmes, seguros, descentrados, generosos, servidores, hombres de paz.

En el mundo podemos encontrar situaciones que nos den cierta tranquilidad y seguridad, pero todo eso es temporal, y sobre todo, es externo. Pero la paz que Jesús da es permanente y no depende de circunstancias externas. La paz que Jesús nos da está fundada en la gracia y en el perdón de Dios. No depende de nosotros, por eso no es frágil. Permanece, cualesquiera sean nuestros sentimientos. La paz que viene de volvernos de todo corazón a Dios, no consiste en la ausencia de pruebas y dificultades. Precisamente es en la prueba donde se experimenta la realidad de ella.

Es una paz que se basa en el perdón y la aceptación de Dios, y que nos libera de la culpa. Por eso Jesús le dijo a aquella mujer acusada por su sociedad: *Yo no te condeno, vete en paz.* Da serenidad al alma: no hay más turbación a causa de nuestra lejanía de Dios, ni de sus consecuencias, ni temor ante las circunstancias adversas. La paz también elimina los conflictos, sea con Dios, consigo mismo o con otros.

Jesús dijo: «*les doy la paz*». Es algo que sólo Él puede dar. Pero es algo que Él quiere darnos. Y es algo que nosotros podemos recibir, recibiendo a Jesús. Su paz es inseparable de Él, porque no es la paz, sino Su paz. La que emana de tenerlo a Él en nuestro ser interior. Por eso nos invita: *Vengan a Mí todos los que están cansados y agobiados* (estresados) *y Yo les daré descanso*».

El estrés aprisiona y encierra, pero la paz que Jesús da libera. Es una paz que nos permite enfrentar los problemas inevitables de la vida, con armonía interior, con la fortaleza de saber que nuestras vidas están en las manos amorosas y buenas de nuestro Dios, y que nuestro futuro es maravilloso. Es una paz que supera todo entendimiento, llena nuestros corazones y pensamientos. Es una paz que no se explica, se vive. ¡Atrévete a vivirla, atrévete a recibirla!

Capítulo 6

Personas Muy Insatisfechas
por falta de sentido

Joaquín Sabina, en su canción *Cómo decirte, cómo contarte*, escribió:

> *Cada noche un rollo nuevo.*
> *Ayer el yoga, el tarot, la meditación.*
> *Hoy el alcohol y la droga.*
> *Mañana el aeróbic y la reencarnación*[79].

El cantautor español describe muy bien la búsqueda constante del ser humano de hoy, por algo que lo llene, que le dé sentido a la vida. Y cada nuevo «rollo» es un indicador de que nada de lo probado termina de dar satisfacción. Sabina es considerado uno de los cantantes populares que mejor describe nuestra sociedad posmoderna. Pero la falta de sentido no es nueva en el ser humano. Tampoco es inédita para los hombres y mujeres VIP.

Salomón ha sido calificado como el gobernante más sabio de toda la historia. También ha sido considerado como el que disfrutó de mayores lujos y deleites. Sin embargo, escribió un libro llamado *Qohelet* en donde relata su itinerario de búsqueda y de insatisfacción, debido a la falta de sentido en la vida. Te animo a que me acompañes a recorrer con este hombre VIP su derrotero de búsqueda de significado.

Salomón va transitando paso a paso, a lo largo de su libro, las mismas calles que cualquiera de nosotros camina, buscando el sentido de la vida. «¿Para qué vivo?, ¿para qué estoy en este mundo?» Preguntas como éstas son las que, de manera directa o indirecta, consciente o inconsciente, nos hacemos todos.

Cuando yo era un adolescente, en Argentina había un músico de rock llamado José Alberto Iglesias. En los distintos ambientes de la música se lo llamaba con diferentes nombres: Tango, Ramsés VII, Susano Valdéz, Donovan el Protestón y Drago. Pero el nombre que lo popularizó fue Tanguito. Para muchos es considerado uno de los padres del rock argentino. Se convirtió en una figura de popularidad masiva veintiún años después de su muerte, gracias al film basado en su vida, *Tango feroz*. La película presenta algunos retazos de su vida agitada, turbulenta y triste. Tanguito compuso, junto a Litto Nebbia, una canción que cantábamos todos, y que hasta el día de hoy se sigue cantando: «Estoy cansado y triste en este mundo abandonado, construiré una balsa y me iré a naufragar». Desgraciadamente Tanguito se fue a naufragar. Primero en un deambular marcado por la adicción a la droga, y luego definitivamente, muriendo con sólo veintiséis años de vida. El 19 de mayo de 1972, después de escaparse de la Unidad Penitenciaria del Hospital Psiquiátrico Borda, Tanguito murió bajo las ruedas del tren del Ferrocarril San Martín, pocas cuadras antes de la estación Palermo, en una situación que nunca fue esclarecida[80].

Pero más allá de su triste experiencia personal, fue un símbolo de una juventud desencantada y vacía. Claro, la mayor parte de las personalidades destacadas o VIP no terminan sus días de esta manera. Sin embargo, experimentan a diario otro tipo de muerte. Cuando los brillos de este mundo se apagan, cuando los aplausos se acaban, y cuando se enfrentan en soledad al espejo, y se es capaz de mirar más allá de la imagen exterior, y se penetra en los repliegues más profundos del ser, no son pocos los que toman conciencia de ese sentimiento de vacío. Que en lugar de vivir, simplemente se sobrevive.

Este mismo sentir experimentó Salomón. Se sentía vacío. Pero consciente de su necesidad no se resignó, sino que se encaminó en la búsqueda del sentido para su vida. La historia lo inmortalizó como el rey más sabio de todos los tiempos. Esa sabiduría lo llevó al primero de los pasos en esa búsqueda de sentido: reconocer que no se está bien, que uno se siente vacío. Sin embargo, esto que es tan obvio, resulta dificilísimo para las personalidades VIP. Nuestro mundo exitista, obliga a las celebridades a que anden todo el día con la careta de gente que está bien, que tiene todo bajo control, que nada les sucede, que son hombres y mujeres diez. Pero cuando el «carnaval» se acaba, las luces se apagan, y se sacan las caretas y los disfraces, las agudas punzadas del vacío muestran con toda crudeza que no todo está bien.

Claro muchas veces, por desesperación de no saber cómo encontrarle la vuelta, las personas tratan de convencerse a sí mismas de que va todo bien. Somos como aquel que cayó desde un piso 20 de un rascacielos. Y mientras iba cayendo y pasaba por cada piso, se le oía decir: Hasta aquí voy bien, hasta aquí voy bien.

Pero no vamos bien: ¡nos espera el suelo!... y es duro.

Salomón tomó conciencia de eso. De que se sentía vacío. Su sentimiento de insatisfacción fue tal que en su libro best seller escribió: «*Pude darme cuenta de que todo lo que se hace en este mundo es vana ilusión, es querer atrapar el viento*».

Vana ilusión, falta de sentido en la vida, vacío interior. ¿De qué hablaba? De esa sensación que no sabemos definir muy bien, pero que se manifiesta como una languidez espiritual que se mantiene latente, flotante en nuestra vida, y que nos provoca un continuo sentimiento de insatisfacción. De pronto una situación adversa en la vida, un problema familiar, una crisis, sirve como detonante para tomar conciencia de ese vacío.

Y uno enfrenta la disyuntiva de qué hacer. La mayoría opta por la alternativa de hacer como si nada pasara, «mandar el corcho al fondo de la botella» en la tonta esperanza de que no vuelva a flotar, de que el sentimiento no vuelva a aparecer. Obviamente, esta opción conduce únicamente a la no resolución de la cuestión y a provocar que cuando «el corcho flote» nuevamente, porque tarde o temprano flotará, la crisis de vida sea seguramente mayor. La segunda alternativa es abandonar la negación, dejar de lado el colocar la mugre debajo de la alfombra, abandonar la opción del avestruz, de esconder la cabeza bajo tierra, y encaminarnos a buscar definitivamente el verdadero sentido de la vida.

El sabio Salomón optó por la segunda alternativa. Y empezó a buscar. Y su primera búsqueda la orientó hacia el trabajo. Muchas personas bien intencionadas piensan que el sentido de la vida está en el trabajo, en su profesión, en su vocación, ser el mejor en lo que hacen. Son excelentes profesionales, excelentes deportistas, viven para su trabajo, para su profesión.

Se los conoce como *workaholics* o adictos al trabajo. Antes en el mundo de las corporaciones se apreciaba este perfil. Sin embargo, últimamente se ha comprobado que los resultados no son satisfactorios. La realidad dio por tierra esta visión de la vida y de la profesión. Cuando la explosión de las «punto com» estaba en su apogeo, no había nada más *fashion* que ser un *workaholic* que trabajaba en una *start-up* de la nueva economía. Hoy, ya pasada la ola y después de que todos esos emprendedores que empeñaron todos su dinero y esfuerzo y se quedaron sin nada, hay pocas cosas menos *cool* en el mundo anglosajón que declararse un *workaholic*. Anita Roddick, la fundadora de The Body Shop, la famosa franquicia de productos de belleza, antes de morir, definió la cuestión bien claramente: «Un empleador eficiente debe buscar personas equilibradas con prioridades que vayan más allá del trabajo. En lo personal, yo no contrato a gente que se vea a sí misma con un alto grado de pretensión. A esos los mando con mi competencia, pues generalmente matan la chispa creativa que me gusta asociar con mi trabajo, pero que no necesariamente se nutre dentro de la oficina[81]».

Y Salomón creyó que en el trabajo, en su actividad de gobernante, creciendo en su poderío como rey, iba a encontrar el sentido para su vida. Pero no fue así. En sus confesiones de vida se preguntó: «*en fin, ¿qué saca el hombre de tanto trabajar y de tanto preocuparse en este mundo? Toda su vida es de sufrimientos, es una carga molesta... y esto también es vana ilusión*».

Salomón tomó conciencia de que el trabajo era muy bueno, que desarrollarse profesionalmente era algo valioso, que destacarse internacionalmente era algo muy apreciado, pero que no servía para llenar el vacío en su existencia. Y entonces, encaminó su búsqueda de sentido para su vida y creyó que podría encontrarlo en la fama. Esto es lo que hacen muchos que se sienten frustrados después de haber probado en el trabajo. Después de tanto esfuerzo, tanta dedicación y no encontrar la dicha para su vida, entonces se orientan hacia creer que la popularidad, la fama, el aplauso, le darán lo que no tienen.

Y no sólo es la búsqueda insatisfecha del que no ha llegado a ser una estrella, y está sediento de algo que llene su sentido de frustración, y necesita la popularidad, y sueña que algún día la varita mágica de la vida lo toque y sea tapa de la revista más vendida, o coreen su nombre en el campo de deporte. Sino que también es la insatisfacción del que es estrella, y necesita que le digan permanentemente: «¡Qué bien que estuviste hoy!», «¡qué bien que jugaste!», «¡qué bueno que eres!» Porque si le falta la droga de la adulación, de nuevo se confronta con el verdadero mensaje que hay dentro de su corazón y que le grita: «¡estás vacío!»

El gran rey oriental Salomón, cuya notoriedad llegó hasta lo último de la Tierra, luego de alcanzar la fama llegó a la siguiente conclusión: «*aquí me tienen hecho un gran personaje... entregado... en la estupidez y la necedad, tan sólo para darme cuenta de que también esto es querer atrapar el viento».* A todos nos gustan los aplausos. Pero si ya los alcanzaste, sabes que al principio te deslumbran y te enloquecen, pero cuando dejaron de ser novedad, tomas conciencia de que no te modifican interiormente, y que sigues vacío.

La actriz Kristen Stewart dice que ella ve un paralelismo entre su compañero en *Crepúsculo*, Robert Pattinson, y su personaje Edward Cullen, ya que el actor tiene que sufrir una existencia triste y solitaria como consecuencia del acoso sufrido constantemente por sus fans[82]. Las grandes estrellas en todos los órdenes experimentan la doble sensación. Primero hacen de todo para que la gente los aplauda, para que los periodistas le den notas y llenar los espacios de las publicaciones y medios de comunicación con sus historias y logros. Pero después de un tiempo, andan con anteojos negros para que nadie los reconozca y escapándole a la prensa. Ya en el siglo VIII el poeta griego Hesíodo hablaba de esto cuando decía: «La fama es peligrosa, su peso es ligero al principio, pero se hace cada vez más pesado el soportarlo y difícil de descargar». Son muy conocidas las batallas campales entre las celebridades y los *paparazzi*, porque al igual que Salomón, las personalidades VIP, se dieron cuenta de que todo eso es estupidez y necedad, que no llena nuestro vacío interior, ni resuelve nuestra insatisfacción.

Pero Salomón no se resignó y siguió buscando. Entonces creyó que el sentido de la vida sería tener muchas riquezas. No es el único. Muchísimos creen que es así. Especialmente después de haber trabajado mucho, tratan de ganar mucho dinero y hacerse millo-narios. Algunos lo explican de este modo: «lo único que cuenta es la "guita" (dinero) que tienes». El dicho popular parece refrendarlo: «dime cuánto tienes y te diré cuánto vales». Y Salomón probó también esto. ¿Cuál fue el resultado? Te transcribo literalmente lo que él experimentó: «*también me dije a mí mismo: ahora probaré con alegría y gozaré de muchos bienes. Pero hasta esto resultó vana ilusión*».

Buscó tener muchos bienes, pero quedó con su vacío interior invicto. Y no porque no hubiera alcan-zado riquezas, todo lo contrario. Presta atención a lo que escribió en su «declaración jurada»: «*junté mon-tones de oro y plata, tesoros que antes fueron de otros reyes y de otras provincias*». Realmente Salomón tenía de todo. Cuando casi diez siglos después, Jesucristo tuvo que hacer referencia al rey de la historia que vivió con más lujo, mencionó a Salomón. Pero ese lujo, esas riquezas no pudieron comprar la felicidad para su vida. Llegó a decir: «*el que ama el dinero, no se saciará de dinero; y el que ama el mucho tener, no sacará fruto. También esto es vana ilusión*».

Trabajo exitoso, fama, dinero. Palabras que carac-terizan a una persona VIP. Salomón era VIP. ¿Persona muy importante, o persona muy insatisfecha? Hasta aquí Salomón bien podría haber respondido: «soy una persona muy insatisfecha. Ni el trabajo, ni la fama, ni el dinero me han dado plenitud en la vida». Sin embargo, no se conformó y siguió buscando. Y ahora, ¿en qué? En el placer. Lo que hacen muchos que ya tienen mucho dinero, pero siguen insatisfechos. Bus-can el placer por el placer mismo.

En función del placer, la sociedad posmoderna aumenta el número de opciones y la posibilidad de elección. El abanico de ofrecimientos se confecciona a gusto del cliente. El destacado pensador y biólogo español Antonio Cruz lo describe bien: «Los guías turísticos tienen en cuenta todas las preferencias a la hora de realizar los itinerarios. La moda es lo suficientemente amplia e informal como para agradar a la mayoría y hasta las relaciones humanas y sexuales se brindan, de todos los matices y colores, desde las páginas de los periódicos. Esta cultura del placer procura suavizar todo aquello que pueda resultar molesto. Se inventan nuevos deportes que sirvan para satisfacer todas las necesidades pero que no supongan demasiado esfuerzo. La disciplina, el enfrentamiento y la rigidez de ciertos ejercicios se deja para los profesionales, mientras que los aficionados prefieren sensaciones que no requieran luchar contra el adversario o el cronómetro, como el *jogging, footing, windsurf,* parapente, *rafting, aerobic,* etcétera».

Esta cultura hedonista e individualista lo único que ha logrado es despojar de trascendencia al individuo y como diría John Ralston Saul, en su libro *La civilización inconsciente,* ha secuestrado a la sociedad occidental, ya que el concepto de individuo que acuñó Occidente, no tiene nada que ver con esta versión egocéntrica y hedonista de hoy[83].

Y el gobernante de Israel lo probó también: «*nunca me negué ningún deseo; jamás me negué ninguna diversión*». Salomón no se perdió una. Todo lo que él pensaba que podía causarle placer, lo vivió intensamente. ¿Llenó eso su vida? ¿Fue feliz? Sería importante leer

127

lo que él experimentó, porque tal vez nos ahorremos tiempo.y acortemos nuestra propia búsqueda. Su testimonio fue: «*concluí que el placer de nada sirve*». De la misma manera que la morfina no cura el cáncer, el placer no provoca la felicidad ni da sentido a la vida.

A esta altura uno no puede dejar de pensar que si Salomón emprendió este viaje existencial a causa de su vacío, a medida que probaba y probaba, más vacío se sentía. El agujero era cada vez más negro. Otro hubiera desistido. Pero no Salomón. Él no renunció a intentar ser feliz. Y entonces creyó que la búsqueda del sentido de su vida la debía encaminar hacia alcanzar estatus, entendiendo por estatus el valor, el prestigio y la importancia que una persona tiene ante los ojos de los demás.

Adam Smith en su obra *La teoría de los sentimientos morales* destacó con perspicacia que los esfuerzos humanos no apuntan únicamente a alcanzar la mejoría económica, sino que detrás de ese activismo también está el ser respetados y alcanzar prestigio en su medio ambiente: «¿Para qué sirven todos los esfuerzos y afanes de este mundo? ¿Cuál es el fin de la avaricia y la ambición, de la búsqueda de la riqueza, del poder y de la preeminencia? ¿Es acaso satisfacer las necesidades de la naturaleza? El salario del trabajador más miserable puede colmarlas. Entonces, ¿cuáles son las ventajas de esa gran empresa de la vida humana que denominamos "mejora de nuestra situación"? Las ventajas que podemos considerar derivadas de ella son las de ser observado, escuchado o tenido en cuenta con simpatía, complacencia y aprobación»[84].

Salomón tenía de todo y le sobraba de todo. Pero cuando uno entra por este camino del estatus, no alcanza con tener mucho, sino que hay que tener más que todos los que nos rodean, de manera tal de llamar la atención de todos y lograr su aprobación. Es tratar de llenar el vacío con las apariencias, con la admiración y aun la envidia de los demás. Sentirse fuerte, cuando uno se puede mostrar ante los demás como superior, que tengo más, que logré más. Es lo que el rey de Oriente buscó: «*realicé grandes obras; me construí palacios; tuve mis propios viñedos, huertos, jardines. Construí represas de aguas, compré esclavos y esclavas, tuve más vacas y ovejas que cualquier otro antes de mí en Jerusalén*».

¿Te das cuenta? *tuve más... que cualquier otro.* No le alcanzó con tener mucho, había que tener más que cualquier otro. Y ¿cuál fue el resultado de su búsqueda? «*me puse luego a considerar mis propias obras y me di cuenta de que todo era vana ilusión*».

Si algo no se le podrá reprochar jamás a Salomón es no haberlo intentado. Porque él siguió buscando y buscando. Luego orientó su búsqueda hacia una vida sexual liberada, a ver si eso lo terminaba de llenar. Algunas personas que se sienten vacías, quieren retener ese momento de placer que provoca una relación sexual y multiplicarlo por el resto del día. Hombres que si pudieran acostarse con una mujer distinta cada hora, lo harían, porque en ese ratito sienten que pueden, que son hombres, y quisieran eternizar ese momento y no tener que volver a la realidad de que están vacíos.

Salomón no se anduvo con chiquitas. Sus historiadores revelan que tuvo 700 mujeres y 300 concubinas. Pero también tomó conciencia de que la vida sexual disipada no llena el vacío interior. Llegó a decir: *«he hallado más amarga que la muerte a la mujer cuyo corazón es lazos y redes, y sus manos ligaduras».*

Por supuesto que esta búsqueda en una vida sexual disipada no fue exclusividad de Salomón. Pareciera que no son pocas las personalidades VIP de la política y del gobierno que transitaron por esta vía. Bryan Sykes es profesor de genética humana en el Instituto de Medicina Molecular de la Universidad de Oxford. En su libro *La maldición de Adán*, donde centra su investigación en el cromosoma Y, afirma que el poder es un esclavo del sexo. «Los hombres siempre han utilizado la riqueza y el poder para atraer y acumular mujeres. Esto no es ninguna casualidad, no es algo accesorio al éxito; es el auténtico propósito que impulsa a la acumulación de la riqueza y el poder.» Para confirmar esto pasa revista a los harenes de los poderosos de la historia. El faraón de Egipto Akenatón, tuvo 350 concubinas. El emperador de la India, Udayama, nada menos que 16.000. Su par de la China Fei-Ti, un poco menos, apenas 10.000. En la América precolombina la cosa no era muy diferente: según las investigaciones del genetista, el emperador azteca Montezuma llegó a tener 4.000 mujeres[85].

El paso del tiempo, aunque disminuyó el número y especialmente reposicionó a la mujer, no modificó aparentemente lo que el investigador inglés afirmaba. Ya mencionamos los escándalos de Silvio Berlusconi, primer ministro de Italia. «Il Cavaliere», no sólo se ha visto atacado por la prensa que lo acusa de participación en fiestas y orgías, con la publicación de fotos que supuestamente lo comprometerían, sino que también ha tenido que soportar que Patrizia D'Addario, quien es una conocida prostituta de lujo, presentara su libro *Gradisca Prersidente* (Disfrute, Presidente), en donde cuenta sus intimidades con el primer ministro.

La prensa francesa dice que François Mitterrand no podía concebir una velada sin una hermosa mujer a su lado. Su par Jacques Chirac, no le iba en zaga, con sus *affaires*. Eliot Spitzer, ex gobernador de Nueva York, que renunció tras ser descubierto, había despilfarrado 80.000 dólares en prostitutas de lujo a través de una agencia llamada paradójicamente, «Club de los Emperadores». El que estuvo a punto de perder su puesto fue el ex presidente estadounidense Bill Clinton, con su ya recordado episodio con Monica Lewinsky. No menos famosa fue la relación del también ex presidente estadounidense John F. Kennedy con Marilyn Monroe. Aunque aparentemente no fue la única en la vida del popular presidente. Cuentan que éste se echó un chapuzón con dos de sus secretarias en la piscina de la Casa Blanca, y que tuvo romances con la actriz Angie Dickinson y la estrella de cabaret Blaze Starr.

El presidente del Paraguay, Fernando Lugo, tiene dos demandas por paternidad, de dos mujeres diferentes por dos niños de seis y dos años, respectivamente. A esto se suma la declaración de la sobrina del presidente Mirta Maidana Lugo, quien afirmó que el gobernante es padre de una joven de diecinueve años.

El ex presidente de la Argentina Carlos Saúl Menem se separó de su esposa, Zulema, y finalmente se unió con la modelo y conductora Cecilia Bolocco, con quien tuvo un hijo, para luego también separarse. En el medio de ambas relaciones, se le atribuyen innumerables aventuras, propias de su fama de donjuán.

El mantener una vida sexual ligera no es exclusividad sólo de los políticos y gobernantes, sino que pareciera que es una característica marcada de muchas de las personalidades VIP. El caso más resonante de los últimos tiempos es el del golfista más importante de la historia, Tiger Woods. Si hay alguien que logró todo y tiene todo es él. Las autoridades del PGA tour lo volvieron a elegir por décima vez el mejor golfista del año. Pero no sólo dentro del medio del golf es reconocido, sino que en una consulta entre los miembros de The Associated Press en Estados Unidos, fue elegido como el mejor atleta de la década, superando holgadamente al ciclista Lance Armstrong, un sobreviviente al cáncer, y ganador del Tour de Francia en seis ocasiones esta década, y al tenista Roger Federer quien ocupó el tercer lugar. Tiger Woods es el primer deportista, y para algunos, quizás el último, en ganar 1.000 millones de dólares. Logró formar una familia con la hermosa modelo sueca Elin Nordegren, con quien tiene dos hijos, una niña de dos años y un hijo de diez meses. Sin embargo, ni el éxito deportivo, ni saberse el mejor, el número uno, ni 1.000 millones de dólares, ni tener una familia le alcanzaron. La cadena Univisión publicó que podrían haber sido nueve las infidelidades del golfista. Más allá del número, él mismo reconoció su situación en su página Web: «Soy profundamente consciente de la decepción y el dolor que mi infidelidad ha causado a tantas personas, especialmente a mi esposa y a mis hijos. Quiero decir de nuevo a todo el mundo que lo lamento profundamente y pido perdón. Quizá no podré reparar el daño que he hecho, pero quiero hacer lo que pueda para intentarlo». Para luego con valentía afirmar: «Tras una profunda reflexión, he decidido retirarme del golf por un período indeterminado. Tengo que centrarme en ser un mejor esposo, un mejor padre y una mejor persona».

Uno de los cronistas de la historia política de Israel, al resumir la vida y gobierno del rey Salomón afirmó: *«las mujeres pervirtieron su corazón»*. Obviamente la cita hace referencia, no a las mujeres como las culpables de su decadencia, sino a sus decisiones en cuanto a su vida sexual. Tiger Woods también ha experimentado que esta búsqueda no sólo no llena vacíos en las vidas de las personas, sino que termina afectando negativamente todas las áreas en la vida. En su caso, poniendo en serio riesgo un matrimonio que ya tiene cinco años y su familia toda. Además lo obliga a abandonar lo que más le gusta, y para lo cual Dios le ha dado talento, como es el golf. Incluso su holgada situación económica comienza a ser conmovida: su esposa le iniciaría un juicio por cientos de millones de dólares, y varias de las empresas con las que Woods tenía contratos, como Gillette y Accenture, entre otras, ya han decidido quitar sus patrocinios. E incluso su imagen se ha visto deteriorada a tal punto que una empresa como Gatorate, ha sacado su imagen de su página Web, a pesar de haberle pagado 100 millones de dólares. Gatorade también decidió retirar de circulación la bebida «Tiger Focus». Y aunque la empresa afirme que el retiro de la bebida estaba planeado, al menos resulta llamativo que la hayan quitado el 29 de noviembre, es decir, dos días después del escándalo del golfista.

Salomón probó de todo, pero ni el trabajo, ni su dinero, ni su fama, ni su familia, ni el placer, ni el sexo libre, ni ninguna cosa que probó lo terminó de satisfacer, de llenar ese vacío interior. Su libro termina con una declaración poderosa, que es una ventana abierta para nuestras vidas. Después de buscar y buscar, llegó a la siguiente conclusión: «*el fin de todo el discurso... es éste: cree en Dios y vive según su voluntad; porque esto es el todo del hombre*».

En realidad, las búsquedas humanas son búsquedas ilusorias de lo nuevo, y huidas de lo conocido que no terminó de llenarnos. Y así escapamos y escapamos. Hay una antigua historia china que dice así: «Había una vez un hombre a quien ver su propia sombra lo contrariaba tanto y era tan infeliz de sus propios pasos que decidió dejarlos atrás. Se dijo a sí mismo: simplemente me alejo de ellos. De tal modo se levantó y se fue. Pero cada vez que apoyaba un pie y daba un paso, su sombra fácilmente lo seguía. Entonces se dijo: "debo caminar más rápido". Caminó entonces más y más rápido, caminó hasta caer muerto. Si simplemente hubiera caminado hacia la sombra de un árbol, él se habría deshecho de su sombra, y si se hubiera sentado, no habría habido más pasos. Pero no se le ocurrió».

Anselm Grün toma la historia y la aplica magistralmente: «Nosotros mismos no podemos tranquilizar nuestro corazón inquieto. No podemos debilitar nuestros sentimientos de culpa, no podemos escapar a nuestra propia sombra. Necesitamos el árbol en cuya sombra podamos descansar sin ser atemorizados por nuestra sombra. Necesitamos a Dios, con cuya protección nos sentimos cobijados, en cuyo amor podemos presentir que somos aceptados sin condiciones, que todo en nosotros puede ser; también la inquietud, las preocupaciones y temores atormentadores. Porque ante Dios todo puede ser. Dado que ante Dios podemos mostrar todo lo que está en nosotros, en su proximidad puede culminar nuestra huida mortal. De este modo podemos colocarnos a la sombra de su árbol y encontrar la verdadera calma que todos anhelamos»[86].

El novelista ruso Andrei Bitov, uno de los escritores más importantes de la literatura rusa de este fin de siglo, creció bajo el régimen ateo del comunismo. Pero un día Dios tocó su vida. Así lo cuenta: «A mis veintisiete años, mientras viajaba en el subterráneo, en Leningrado, me embargó una angustia tan grande que parecía que la vida se me detenía de súbito, el futuro se tornaba incierto y todo perdía significado. Repentinamente, como de la nada, apareció una frase que rezaba: "La vida sin Dios carece de sentido". Para asombro mío empecé a repetirla y me dejé llevar por esa frase, como si fuera trasladado a través de una escalera. Al salir del subterráneo me encontré con la luz de Dios».[87]

En 1945, Viktor Frankl escribió su famoso libro *El hombre en busca de sentido*, donde describe la vida del prisionero de un campo de concentración desde la perspectiva de un psiquiatra. En esta obra expone que, incluso en las condiciones más extremas de deshumanización y sufrimiento, el hombre debe encontrar una razón para vivir. Y que la razón final para vivir debe estar basada en su dimensión espiritual. Esta reflexión le sirvió para confirmar y terminar de desarrollar la Logoterapia, considerada la Tercera Escuela Vienesa de Psicología, después del Psicoanálisis de Freud y de la Psicología individual de Adler.

En el campo de concentración nazi, donde estuvo prisionero, se preguntó por el sentido de la vida. Si la vida consistía en una familia, pues entonces su vida ya no tenía sentido, porque le habían matado prácticamente a toda su familia. Si el sentido de la vida se encontraba en su profesión, ya la vida no merecería ser vivida, porque le habían prohibido desarrollar su profesión, y aun le habían quemado su tesis en la que durante años había trabajado. Si el sentido de la vida estaba en los bienes materiales, estaba perdido, porque le habían quitado todas sus propiedades. Había sido desposeído de todo, estatus y prestigio. No podía encontrar sentido en la libertad, porque había sido despojado de ella. Estaba solo y sin ningún tipo de placer. A partir de estas experiencias y reflexiones elaboró su Logoterapia, o terapia del sentido. Él llegó a la conclusión de que el sentido de la vida sólo puede hallarse en una relación personal y profunda con Dios.

Capítulo 7
Personas Muy Insatisfechas por falta de libertad

Los grandes y valientes guerreros de la antigua Grecia llevaban grabado en sus escudos la imagen de alguien con los cabellos erizados por el terror, y un rostro inflexible, indescriptible, mirando atrás fijamente con ojos que brillaban con fuego. Su boca estaba llena de dientes en una hilera blanca, temible y desalentadora. Era la imagen de Fobos, que en la mitología griega era la personificación del temor y del horror. De su nombre se deriva nuestra palabra «fobia». En la mitología griega y romana el miedo era tan poderoso que fue divinizado y se le rendía culto. Alejandro ofrecía sacrificios a Fobos para que el miedo no tomara control de sus soldados[88].

La nuestra es una sociedad que se ufanaría de haber superado esas creencias míticas, pero que, sin embargo, sigue rindiendo culto y ofreciendo sacrificios al dios temor. El filósofo y semiólogo italiano Paolo Virno describe esta época nuestra como la del «cinismo, el oportunismo y el miedo».[89] Todos alguna vez hemos sentido temor. Pero el problema es cuando se convierte en un trastorno que nos paraliza, o que nos quita la posibilidad de vivir plenamente, cuando Fobos está tatuado en nuestro corazón y vivimos atados a los temores. Las fobias acechan al 25% de la población mundial. Al igual que los grandes guerreros del pasado, las personalidades VIP no son inmunes a esta emoción que atrapa y se apodera de tantas personas. Efectivamente, las celebridades con sus famas y sus fortunas no se salvan de los ataques de pánico y fobias, y lo que es peor aun se hacen más notorios por el protagonismo de estas figuras. Su condición de personalidades VIP, no los ha inmunizado contra el temor.

Las celebridades viven también bajo la nube negra, como Joaquín Sabina, escribe en su canción:

Cuando la nube negra se acomoda en mi cama,
cuando despierto y voto por el miedo de hoy,
cuando soy lo que soy en un espejo roto,
cuando cierro la casa porque me siento herido,
cuando es tiempo perdido preguntarme qué pasa.

Esta canción pertenece al álbum, *Alivio de Luto*, en donde el exitoso cantautor español escribe:

¡Qué pequeña es la luz de los faros!
de quien sueña con la libertad...[90]

Para muchos famosos y exitosos, la luz de los faros que ilumina sus sueños de libertad es muy pequeña. Palpitaciones, ahogos, sudoración, miedo a desmayarse, a volverse loco, a morirse, son algunas de las alteraciones que sufren también los famosos. Los políticos y las autoridades que detentan todo el poder tampoco están exentos. Dicen que el emperador Julio César tenía nicotofobia, es decir le daba miedo la noche. Enrique III, rey de Francia, padecía de ailurofobia, es decir no soportaba la presencia de los gatos. Por su parte a la reina Isabel I la aterrorizaban las flores.

¿Por qué habrían de ser menos los divos y divas de Hollywood? El multifacético Johnny Depp, estrella de *Los piratas del Caribe*, tiene miedo a las arañas y a los payasos, fobia que comparte con el rapero y empresario Puff Diddy y con el actor Daniel Radcliffe. Un poco más razonable resulta el temor del galán Brad Pitt, con su selacofobia, es decir, su temor a ver tiburones. Con él compite, no sólo en atractivo masculino sino también en fobias, el futbolista David Beckham, a quien le aterrorizan los pájaros. El astro metrosexual también padece de ataxofobia, temor extremo al desorden. La actriz Nicole Kidman dijo que teme a las mariposas; el polifacético cantante Justin Timberlake, a las serpientes; el actor de *El Señor de los Anillos*, Orlando Bloom, a los cerdos; Scarlett Johanson expresó que suele paralizarse ante una cucaracha. Es muy extraña la fobia del actor Roger Moore, le teme a los colores claros y a los cubiertos de plata.

No menos sorprendente resulta que la actriz Kim Basinger, admirada por tanto público alterne etapas de depresión con episodios de agorafobia, temor a espacios públicos y a salir a la calle sola. Es tal su temor, que los periodistas sostienen que puede pasarse semanas en su casa sin salir a la calle, mientras recibe atención médica. El que no puede estar encerrado es Woody Allen. Los cronistas sostienen que invierte sumas importantísimas de dinero en psicoanálisis para vencer su claustrofobia. Paradójicamente, a la actriz y modelo Carmen Electra, protagonista de la serie *Baywatch*, en la que encarnaba el papel de una guardavidas, lo que más le asusta es el agua. Y Sarah Michelle Gellar, la protagonista de *Buffy, la Cazavampiros*, no soporta pasar por la puerta de un cementerio, temor que comparte con el futbolista Roberto Carlos. O el caso de Tobey Maguire, a quien todos los chicos admiran por sus saltos entre los grandes rascacielos en *El Hombre Araña*, y que en la vida real tiene fobia a las alturas. El temor a la oscuridad quizá sea el más infantil de los miedos. La actriz Jennifer Love Hewitt y la tenista Serena Williams asumieron que sólo pueden dormir con la luz encendida.

Al recientemente fallecido Michael Jackson, la estrella del pop, se lo ha visto muchas veces en público con una máscara quirúrgica en el rostro debido a su miedo a los gérmenes y a las contaminaciones. También padece esta fobia el multimillonario Donald Trump. Resulta difícil de creer que tres grandes cantantes como Barbra Streisand, Madonna y Carly Simon se sientan acobardadas por el escenario. El caso más notorio es el de Barbra Streisand, quien después de olvidarse la letra de una canción durante un concierto en Central Park, en 1967, no se presentó nunca más en público hasta que hizo su reaparición en 1994. El problema de la reina del soul Aretha Franklin es bien distinto. Afirman que le encanta actuar en vivo, pero su miedo a volar le impide aceptar más de un contrato fuera de los Estados Unidos. Este temor a los aviones lo comparte tanto con la actriz estadounidense Jennifer Aniston como con Penélope Cruz. En una oportunidad la española hizo aterrizar un avión en los Estados Unidos a causa de un ataque de pánico. El mismo sentimiento tenía Stanley Kubrick, el director de *La Naranja Mecánica*. En alguna oportunidad, Kubrick aseguró: «A lo largo del tiempo, he descubierto que no me gustaba volar, y he reparado en comprometedores márgenes de seguridad de la aviación comercial de los que nunca se habla en la publicidad de las aerolíneas. Así que he decidido viajar por mar, y jugármela con los icebergs». Lo llamativo es que cuando era joven el director obtuvo una licencia para pilotear aeronaves. Un ejemplo de lo paralizante que pueden ser los temores y en particular éste, es el del futbolista de la selección boliviana Raúl Gutiérrez. El mediocampista del club Blooming anunció que se retiraba del fútbol por su fobia a viajar en avión[91].

Los grandes literatos tampoco están exentos de fobias. El argentino Jorge Luis Borges confesaba su fobia social, que le impidió por un buen tiempo ir a conferencias y entregas de premios. En este sentido, un caso emblemático es el de la escritora austríaca Elfriede Jelinek, Premio Nobel de Literatura 2004, quien no fue a la ceremonia de entrega del premio, a causa de su fobia social. Otro fóbico Nobel de Literatura fue Juan Ramón Jiménez, autor de *Platero y yo*, que padecía agorafobia. Cuando iba a algún acto público se situaba cerca de la puerta para poder salir corriendo si tenía un ataque de pánico.

El diccionario define el temor como: «Sentimiento de inquietud y miedo que provoca la necesidad de huir ante alguna persona o cosa, evitarla o rechazarla por considerarla peligrosa o perjudicial. Se trata de una perturbación angustiosa del ánimo por un riesgo o daño real o imaginario. Recelo o aprensión que uno tiene que le suceda una cosa contraria a lo que desea». Pero las personas que sufren de miedos recurrentes, no necesitan demasiado del diccionario, ni de mi descripción, porque experimentan en carne propia esa perturbación, esa angustia, esa paralización. En algunos casos el miedo tiene que ver con peligros tangibles. Es decir, con cosas que están vinculadas con el mundo exterior. Cuando este temor adquiere formas desproporcionadas y se convierte en obsesión en relación con algo que la propia persona puede reconocer como absurdas o injustificadas, pero que no puede enfrentar, estamos, como en los casos de los famosos mencionados, frente a fobias. En otros casos, la ansiedad se relaciona con sentimientos de temor cuyos orígenes son inciertos y difíciles de vincular a cosas concretas.

El temor es causa de muchos desórdenes de salud. Provoca tensión emocional que afecta la mente y el cuerpo provocando enfermedades físicas como hipertensión, cardiopatías, trastornos renales, bocio, artritis, jaquecas, apoplejías, etcétera. Cuando vivimos atemorizados, generamos continuamente adrenalina al torrente sanguíneo y esto causa deterioro físico. Pero además de lo físico, el miedo y la ansiedad afectan el desempeño y la vida de las personas. Una de las consecuencias del temor, es que aquello que se teme se convierte en realidad. Esto ya era reconocido en el antiguo Oriente Medio por el famoso texto de sabiduría de Job: *Porque el temor que me espantaba me ha venido, y me ha acontecido lo que yo temía.* Las viejas de barrio parafraseaban esta verdad cuando decían:

«*no llames a la desgracia*». Para decirlo de otro modo, es el poder de la autoprofecía. A principios de 1973, el psicólogo David Rosenhan publicó el resultado de una investigación con el título «Estar sano en un medio enfermo», en donde demuestra que ciertos diagnósticos formulados en psiquiatría no definen un estado de enfermedad, sino que lo crean[92].

Un segundo tipo de consecuencias es la tendencia al escapismo. Una actitud permanente de evasión y de deseos de huir caracterizan a las personas atadas por el temor. Una persona puede tener aparentemente, a los ojos de los demás, control sobre la realidad y, sin embargo, sentirse absolutamente abrumada por la situación que enfrenta a punto tal de desear huir. Uno de los reyes de la antigüedad que más poder tuvo y que a los ojos de todos era considerado como un gran guerrero, David, expresaba este deseo de escapar de la siguiente manera: *Angustiado está mi corazón dentro de mí y sobre mí han caído los terrores de la muerte. Terror y temblor me invaden, y horror me ha cubierto. Y dije: Quién me diera alas como la paloma, volaría y hallaría el reposo.*

La pasividad es otra de las consecuencias del temor. Las personas se sienten paralizadas, imposibilitadas de enfrentar situaciones, o desafíos y oportunidades que se les presentan. Cuando el miedo es constante, uno pierde la confianza en sí mismo y en la propia capacidad. Se siente incompetente y abocado al fracaso.

Ahora, es importante que entendamos que el temor nunca es a lo desconocido o al futuro. Siempre tiene que ver con lo pasado y con lo conocido. No se puede temer lo que se desconoce. Lo que se teme es a perder lo conocido bueno, o a repetir lo conocido malo. Por un lado está el temor a perder lo que nos dio seguridad en el pasado. A eso se refería Sigmund Freud, cuando usaba el término «siniestro». Él decía que lo que nos aterroriza es precisa y solamente aquello que, en otro momento, tuvo la capacidad de protegernos y tranquilizarnos. Lo siniestro no es efecto de algo nuevo o ajeno, sino algo familiar y antiguo a la vida anímica, sólo enajenado de ella por la represión.

Y por otro lado, lo que nos atemoriza es aquello que despierta el recuerdo de lo doloroso. Lo que aparece en el horizonte como algo futuro y amenazante, en realidad lo que está haciendo es servir de detonador de lo viejo sufrido. El famoso dicho lo describe perfectamente: «El que se quema con leche ve una vaca y llora». No es la vaca que tenemos por delante la que nos hace llorar, sino el recuerdo de la leche que nos quemó.

Pareciera que nuestra vida toda está signada por la experiencia de la lucha contra los temores. El recién nacido teme que lo alejen de su madre y perder el contacto físico con ella. A los ocho meses de vida el temor pasa a los extraños. Durante la primera infancia, los temores son despertados por los ruidos intensos, los monstruos, las tormentas, la oscuridad y la separación de los padres. De los seis a los doce años, los miedos más comunes se relacionan con los daños físicos y el fracaso escolar. En la adolescencia, a que nuestro desempeño sea evaluado por los demás en forma negativa.

Hay diversidad de causas para que las personas vivan bajo la esclavitud del temor. Se han descubierto

144

factores neuroquímicos, así como cierta predisposición genética, que, junto con elementos emocionales y eventos estresantes, llevan a la irrupción de cuadros de pánico. Pero dejemos de lado los cuadros más graves y hablemos de los temores más comunes. Uno de los temores básicos es el del abandono. Como vimos, el recién nacido teme que lo alejen de su madre, perder el contacto físico con ella. Este tipo de ansiedad puede adquirir un carácter patológico cuando ante situaciones habituales para la edad, como concurrir a la escuela, a la casa de un amigo o que su madre salga sin él, el niño no puede tolerar la separación y experimenta intensos síntomas de ansiedad. Suele observarse entonces la aparición de síntomas físicos, irritabilidad, enojo llantos incontrolables o berrinches. A veces, la sobreprotección de los padres, cuando finalmente se produce la separación lógica y necesaria, alimenta un sentido de desamparo y temor. Obviamente, cuando se ha experimentado la vivencia real de abandono, o desprotección, en la provisión de lo esencial, las personas crecen con temor a no tener lo necesario.

Las experiencias traumáticas en la vida de las personas internalizan sentimientos recurrentes de temor. Una situación es considerada traumática si incluye características de excepcionalidad, intensidad e impacto severo en la persona que la experimenta o que recibe la información de lo sucedido. Muchos de los temores son el resultado de experiencias traumáticas experimentadas por la persona, especialmente en su etapa infantil. Cuando una persona está muy asustada de algo que no produce especial miedo a los demás, es porque el objeto o la situación en cuestión ha quedado asociado en su mente con algún temor infantil. Peligros, accidentes, sustos, grandes desastres, muertes de seres queridos, abusos, violencia, son algunas de las experiencias traumáticas que provocan temores que permanecen internalizados aun con el paso del tiempo.

Los especialistas nos hablan del Trastorno por Estrés Postraumático. Suele ocurrir luego de la exposición a alguno de estos traumas intensos. Sus principales síntomas son tres: revivir el evento traumático, a través de pesadillas o *flashbacks*; conductas evitativas relacionadas con situaciones o lugares ligados al trauma; y embotamiento emocional. Se acompaña también de síntomas que reflejan una elevada ansiedad, como irritabilidad, impaciencia e inquietud. Pero la mayoría de las experiencias traumáticas se manifiestan con una ansiedad cuya causa la persona no puede identificar claramente, pero que va haciendo de la persona un ser atado al temor.

La incidencia paterna en la construcción de personalidades temerosas resulta clave. Muchos padres viven diciéndoles a sus hijos pequeños que tengan cuidado de cosas que no son peligros reales, llenándolos de miedos. A veces los padres cuentan a los pequeños historias que terminan ligando sus vidas al temor. Como vimos en otro capítulo, la influencia negativa de los padres también se da por un perfeccionismo, que provoca temor a no cumplir sus deseos. También, las promesas paternas que nunca fueron cumplidas. La persona se acostumbra a temer y esperar lo peor.

Las frustraciones operan como la leche con la que nos hemos quemado, cuyos recuerdos surgen con una fuerza inusitada, ante cada nueva oportunidad que se nos presenta en la vida (la vaca que vemos). Ilusiones que la persona se ha hecho y que terminaron en nada. Esto produce un temor a encarar nuevos desafíos.

Los especialistas en neuropsiquiatría nos dicen que todos tenemos un sistema neurológico basado en el miedo que nos ha ayudado en el pasado a sobrevivir ante situaciones críticas de la vida. Pero lo que en el pasado fue de gran ayuda para nuestra supervivencia, hoy nos limita. Este sistema del miedo es nuestro depósito de traumas pasados, tribulaciones actuales, temor al futuro y temores instintivos. El miedo nos mantuvo vivos o nos permitió sobrevivir ante situaciones de peligro. La adrenalina es una hormona que actúa cuando en el entorno se produce una situación de tensión y el cuerpo precisa adaptarse a ella. Ante una amenaza, el sistema nervioso envía la orden de secretar adrenalina, que generará un aumento de la presión cardíaca y de la frecuencia respiratoria, se dilatarán las pupilas para obtener una visibilidad más clara y el cerebro estará más alerta, aumentando la cantidad de sangre en las extremidades para correr con más velocidad. Así que hay una dimensión positiva del miedo, y gracias a Dios por poner en nosotros esa hormona para reaccionar en momentos difíciles. Pero eso que fue bueno para sobrevivir no nos sirve para ser felices. Porque las heridas del pasado hacen que nuestra mente esté en alerta, y la reacción automática del miedo se hace más rápida que el pensamiento racional, más rápida que la experiencia del sentimiento de amor, más rápido que cualquier acto humano. Y la descarga continua de adrenalina hace que vivamos estresados.

En el pasado nos sirvió para sobrevivir pero quedamos programados por nuestra mente para que inconscientemente vivamos a la defensiva, como si siempre fuéramos a vivir tiempos difíciles. Y como vimos, lo que uno teme le sobreviene. Ahora lo peor de todo es que ni siquiera somos conscientes de esos temores que nos controlan.

Muchas personas no terminan de identificar los temores en sus vidas, porque el miedo tiene múltiples manifestaciones: ese estado de permanente preocupación, esa ansiedad que te gobierna, ese perfeccionismo que no te deja disfrutar ni de tus logros, ese pesimismo por las dudas, esa depresión que te bajonea, ese sentimiento de soledad, ese enojo constante, esa obsesión que te persigue, esa inseguridad que te atormenta, esa timidez que frena, esa culpa que aguijonea. Y el temor impregna la vida bajo estos disfraces y va de una emoción a otra, metamorfoseado. Y como uno no identifica esto, se acostumbra tanto a no ser feliz que ni se da cuenta. La vida está ahí, pero el vivir ha desaparecido.

Hay dos miedos que privan de la felicidad: el miedo a no tener lo suficiente, el miedo a no ser o valer lo suficiente. Los dos están asociados al miedo esencial que es a la muerte. El tener lo suficiente y el valer lo suficiente son los dos factores que mejor aseguran la supervivencia. Hay tres componentes principales de la vida: las relaciones, la salud y el trabajo. Pero muchas personas ponen toda su energía en uno solo: el trabajo, porque se supone que es el que mejor calma los miedos de no tener y de no valer. Muchas personalidades VIP son víctimas de este pensamiento. Pero esto es un engaño.

Y la prueba de esto es el éxito. Es decir, muchas personas que han alcanzado el éxito y sin embargo no son felices, no viven plenamente, siguen atados a los temores, en alguna de sus innumerables caras o manifestaciones: depresión, culpa, perfeccionismo, enojo, aislamiento, inseguridad, ansiedad, angustia. De allí que muchos millonarios, famosos, y exitosos se pregunten: ¿hay vida después del éxito?[93]

La trampa de nuestra sociedad es que quiere igualar éxito a plenitud de vida. Y es un engaño, porque mientras te dice que si alcanzas el éxito serás feliz, al mismo tiempo te mete en una vorágine que alimenta tus miedos y ahuyenta la felicidad. Y se nos pasa la vida y la felicidad se desvanece, quedando como un sueño, o como un mito. La vida contemporánea nos hace correr tras la zanahoria del éxito, y ya sea que lo alcancemos o no, nos lleva a estar presionados con proyectos, metas, ideas, compromisos, preocupaciones y obligaciones. Siempre en tensión, con el miedo a no tener lo que nos dicen que necesitamos, y la constante sensación de que nos van corriendo la línea, diciéndonos que necesitamos más para ser felices. Estresados por el miedo a no ser o no valer. Siempre secretando adrenalina y adictos a esa adrenalina.

Y la hormona que fue creada por Dios para ser activada sólo en momentos de riesgo de supervivencia, está continuamente activada por nuestros temores permanentes, aun cuando no nos damos cuenta de que los tenemos. Shirley Pordominsky dice que en nuestra sociedad actual esos dos temores básicos se manifiestan, básicamente, en miedo a la falta de tiempo, dinero y energía[94]. Muchas de las personas destacadas en nuestra sociedad sufren de ansiedad, por la presión del tiempo. Están involucrados en actividades que les demandan más tiempo del que disponen. Viven corriendo de un lado a otro, tratando de cumplir con deberes, citas, reuniones, rutinas. Otras personas son víctimas de ansiedad a partir del temor a la falta de recursos. Esto no lo sufre sólo el que tiene limitaciones materiales. Millonarios que en el pasado han sufrido de carencias materiales también experimentan el temor constante a no tener, a pasar necesidad. Lo analizan lógicamente y saben que es imposible, pero el temor opera a nivel inconsciente. En otros que ya tienen cubiertas sus necesidades básicas y están en planes de progreso y crecimiento, la lucha es constante y el temor también. La sociedad y la publicidad nos provocan nuevas necesidades y nuevas aspiraciones. La pregunta flota sobre sus mentes: ¿vas a poder mantener esas exigencias, ese estatus? El éxito te permite acceder a un determinado nivel pero para poder mantenerlo necesitas de un nuevo ascenso, y latente y agazapado está el miedo inconsciente a no tener.

Otras personas están atadas al temor a la falta de energía, que también puede ser concebida como falta de capacidad, el miedo de no valer. Es el temor a no dar la medida, a no cumplir con las expectativas, a sentir que uno no puede. Estas tres carencias son las que normalmente nos tensionan y estresan. Tal vez, al leer estas líneas estás sintiendo que estoy describiendo tu propia situación. La pregunta es hasta cuándo vas a poder resistir la tensión, sin enfermarte, sin quemarte emocionalmente, sin destruir tu familia. Tal vez ya te enfermaste, ya te agotaste emocionalmente o se destruyó tu hogar. ¡Espero que no! Pero sea como fuere, si alcanzaste cierto éxito, ciertos logros, o no, pero vives estresado por el temor a la falta de tiempo, de dinero o de energía, tienes que romper el círculo vicioso que hace que siempre estés activando adrenalina.

Resulta fundamental entender los dos temores básicos que están detrás, y llegar a comprender que, aunque no lo sepas, vives anhelando la protección, la cobertura, la seguridad, el amor que provienen de Dios, que te quitan la inseguridad de no tener o de no ser o valer. Fuiste creado para vivir en una relación paterno-filial con Dios. Y cuando estableces esa relación con Dios de manera sana, empiezas a recibir de Él todo su amor, su valoración, su afirmación, su aprobación. Ya no vives más con ese temor inconsciente a no ser o a no valer, ni vives persiguiendo esa valoración en cada relación interpersonal que inicias, o en cada cosa que logras, como si fueras un mendigo.

Cuando estableces esa relación paterno-filial sana con Dios, se internalizan en ti una paz y una convicción que te dan la seguridad de que Él es un Padre Proveedor, y que nunca desampara a sus hijos. Así que ese temor inconsciente a no tener, deja de manifestarse como una angustia latente. Y como ya no tenemos que vivir agradando a nadie, ni buscando la aprobación de nadie, podemos seguir desarrollando nuestro propósito y vocación con éxito, pero ya no como una carrera para llegar a ser o valer, sino como una expresión de que ya somos en Cristo y valemos para Dios.

Y entonces podemos enfrentar el temor a la falta de tiempo. Fijando adecuadamente las prioridades en nuestra vida, dedicando la mejor calidad de nuestro tiempo a lo que constituyen nuestras prioridades. Diciendo que no a lo que no es importante, sin miedo a la crítica o al rechazo. No abarcamos más de lo que podemos para impresionar. Organizamos nuestra rutina, y se acaba la sensación de agobio. Ya no buscamos a agradar a todos para recibir aceptación, y no prometemos cosas que no podemos cumplir, y que nos llenan de angustia.

Y cuando estableces esa relación paterno-filial sana con Dios, ya no necesitas llenar con más y más cosas tu vacío interior, ni vives más con miedo, porque sabes que Dios te premiará tu esfuerzo y trabajo, proveyéndote de todo siempre. Y entonces no buscas tener para ser ni para valer, ni temes a no tener. Y empiezas a organizar tu economía, de manera de eliminar tu estrés. Estableces un presupuesto realista, porque no necesitas vivir por encima de tus posibilidades, para sentirte importante, porque ya eres importante. Reduces tus deudas hasta que desaparezcan y no te metes en nuevas deudas. Resistes la tentación de comprar cosas que no necesitas, porque no tienes que llenar vacíos con cosas. Empiezas a amarte sanamente y a pagarte a ti mismo por medio de ahorrar cada mes un porcentaje, para luego volcarlo en una inversión sana, que haga que con el correr del tiempo ya no trabajes para el dinero, sino que el dinero trabaje para ti.

Y cuando estableces esa relación paterno-filial sana con Dios, Él te llena de nuevas fuerzas, de energía, de capacidad y de poder. Por eso ante el temor a la falta de energía y capacidad, te inundas de poder llenándote de Dios. El famoso psiquiatra Dan Baker, especialista en lo que se llaman hoy ciencias de la felicidad, afirma que las personas que desarrollan una relación personal con Dios, «no temen salirse de los límites de sus vidas. Se relajan, se sueltan, y acogen experiencias extraordinarias. Tienen un miedo notablemente menor a la muerte. No les preocupa morir, les preocupa no vivir».

¿Cómo establecer una relación personal, paternofilial sana y verdadera con Dios? La Biblia dice que Jesús es el único camino al Padre. Nuestra desobediencia, nuestra autosuficiencia nos ha separado del Padre, y entonces vivimos vacíos de valía, con temor a no ser, a no valer, y separados de Dios, vivimos sin protección, temerosos a no tener. Pero Dios Padre no se conformó con eso, y envió a su hijo Jesús para que cargara con nuestra desobediencia y con nuestra autosuficiencia en la cruz, y dice la Biblia, que con su muerte y resurrección libera a los que están sujetos a esclavitud por causa del temor.

Por eso, la respuesta a la pregunta: ¿Hay vida después del éxito? La respuesta es sí. Y no tienes que elegir entre éxito y plenitud. Puedes seguir alcanzando logros, pero sobre todo ser feliz. Y la manera es que puedas ser libre de tus temores y empezar a vivir lo que Jesús llamó una vida abundante. Entrégale tu vida a Jesús, y reconcíliate con el Padre Celestial, para nunca más vivir con temor a no ser o no valer, ni con miedo a no tener. Y si consideras que todavía no llegaste al éxito, también puedes empezar a vivir, porque de lo que se trata es de ser feliz. Y si tienes a Dios en tu corazón llenándote de paz y de sentido, no te quepa la menor duda de que vas a poder expresar lo mejor de ti, y entonces vas a lograr el éxito.

CAPÍTULO 8

Personas Muy Insatisfechas por falta de futuro

Viktor Frankl, el creador de la tercera escuela de psicoterapia de Viena y probablemente el terapeuta más importante de las últimas décadas, vivió en un campo de concentración durante la Segunda Guerra Mundial. Privado de su libertad, se preguntaba por qué algunos podían sobrellevar la brutalidad del campo de concentración y llegar a ser personas sanas que regalaban su comida a los enfermos, mientras que otros la hurtaban, se atracaban y patéticamente se desplomaban. Observando a sus compañeros presos, descubrió que algunos crecían como personas aún en situaciones tan extremas como aquéllas, no porque sufrieran menos, sino porque tenían una razón para vivir. A pesar de las torturas, se aferraban a la vida porque sus vidas tenían una razón, y entonces tenían sentido. Sus vidas tenían futuro.

Una de las cosas que más traba la vida de una persona es precisamente carecer de una visión de futuro y, por el contrario, estar atados al pasado. En la Biblia hay un Salmo que dice que aquel cuyas fuerzas están en Dios es alguien feliz, bienaventurado, dichoso. ¿Por qué? ¿Porque no le pasa nada malo? No. El texto sagrado dice que es porque son personas que *atraviesan el valle de lágrimas y lo convierten en fuente*.

En la vida muchas veces pasamos por un valle de lágrimas, ¿verdad? Lágrimas por gente que nos lastima, que nos traiciona, que nos devuelve mal por bien. Lágrimas por nuestros fracasos, cosas que no salieron como esperábamos. Lágrimas por frustraciones familiares, materiales. Lágrimas por nuestros propios errores. El valle de lágrimas es inevitable de este lado de la eternidad. Pero dice que aquellos que son felices son las personas capaces de transformar, de convertir el valle de lágrimas en fuente. Claro, la pregunta del millón es: ¿Cómo se cambia un valle de lágrimas en fuente, en manantial? Porque todos ya hemos pasado, estamos pasando o vamos a pasar por un valle de lágrimas. Pero cómo hacer, especialmente para ti que lo estás atravesando ahora mismo, para convertirlo en fuente. Quiero llamar tu atención sobre el verbo de esta frase bíblica: *Atravesando el valle de lágrimas*. Atravesando. La única manera en que nuestras lágrimas se conviertan en fuente es que atravesemos. Que no te quedes en el valle de lágrimas. Uno no puede decidir muchas veces pasar o no pasar por el valle de lágrimas. Pero sí podemos decidir si nos vamos a estacionar allí, o lo vamos a atravesar. Porque sólo cuando lo atraviesas lo puedes convertir en fuente de crecimiento, de progreso, de maduración.

Pasamos por un valle de lágrimas cuando alguien nos hirió. O cuando amamos a alguien y esa relación se terminó. Derramamos lágrimas cuando fracasamos. Cuando planeamos algo, pero no salió como esperábamos, cuando nos frustramos. Puede haber sido una carrera, un negocio, un proyecto, un sueño. El fracaso es un valle de lágrimas.

Si bien Guillermo Coria nunca terminó de reconocer que su derrota ante Gastón Gaudio en la final de Roland Garros haya sido determinante en su declive y posterior retiro, la mayoría de los especialistas en tenis dicen que, al menos, dicho fracaso marcó al número tres del mundo de manera definitiva. Paradójicamente, aquella final, lo que para cualquier otro tenista significaría un logro extraordinario reservado sólo a los grandes de la historia, para él ha representado un golpe psicológico extremadamente duro, que lo habría marcado definitivamente[95].

Hay personas que son incapaces de superar el fracaso experimentado. Imposibilitados de vencer la frustración. Todas estas personas viven estacionadas en el valle de lágrimas. Por eso viven debilitadas, sin energía, sin ganas, sin entusiasmo, sin pasión. Porque no pueden atravesar el valle de lágrimas convirtiéndolo en fuente. René Favaloro, el famoso médico cirujano argentino, quien realizó el primer bypass aortocoronario en el mundo, en el año 1971 regresó a la Argentina desde los Estados Unidos, con el sueño de desarrollar un centro de excelencia similar al de la Cleveland Clinic, que combinara la atención médica, la investigación y la educación. Con ese objetivo creó la Fundación Favaloro en 1975, que además de estos objetivos, ha venido atendiendo con excelencia a muchísima gente sin recursos materiales. A través de este emprendimiento pudo formar más de cuatrocientos cincuenta residentes provenientes de todos los puntos de la Argentina y de América latina. Pero para el 2000 la

Argentina estaba sumergida en una crisis económica y política y la Fundación Favaloro estaba endeudada en unos 75 millones de dólares, por lo que Favaloro pidió ayuda al gobierno, sin recibir una respuesta oficial. El 29 de julio del mismo año, el gran cardiólogo argentino tomó la decisión de quitarse la vida con un disparo al corazón. Él que había sanado tantos, terminó disparándole a su propio corazón, superado por la frustración, incapaz de atravesar la desidia de las autoridades y el peso de la deuda.

Por favor, no sigas disparando cada día a tu corazón ya herido por la frustración y el fracaso. Todos hemos pasado por el valle de lágrimas de los fracasos. Pero hay que atravesar ese valle de lágrimas y proyectarnos a lo que viene. Es cierto, las cosas no salieron como esperabas. El proyecto no se concretó. El sueño se frustró. Pero… ¡estás vivo! Eso significa que hay futuro. Lo que se frustró fue ese proyecto, ese sueño, esa posibilidad. No tu vida, no tu futuro. Me gusta mucho cómo T. D. Jakes lo dice: «Aun nuestros fracasos… son éxitos. ¡Representan el milagro de que tú y yo sobrevivimos!»

Todos conocemos la historia del más grande jugador de básquet de todos los tiempos: Michael Jordan. Cuando fue a probarse, no pasó el corte del equipo del instituto. Volvió a su casa, se encerró en su habitación y lloró. ¡Sí!, el grandioso «23» lloró. Pero no se quedó en el valle de lágrimas, sino que lo atravesó. Y no fue un fracaso inicial y nada más, sino que hubo muchos otros en su vida. Pero no se estacionó. Mira lo que él mismo cuenta: «He fallado más de 9.000 tiros en mi carrera. He perdido casi 300 juegos; veintiséis veces han confiado en mí para tomar el tiro que ganaba el juego y lo he fallado. He fallado una y otra y otra vez en mi vida. Y es por eso que he tenido éxito.»

¿La clave de su éxito fue su fracaso? Sí. Por la simple razón de que no se quedó allí, sino que atravesó el valle de lágrimas. Qué diferencia, con tantas personas, VIP y no VIP, que se quedan estacionadas en el dolor. Jordan no sólo no dejó que las lágrimas fueran su estado permanente, sino que sus pensamientos tampoco se quedaron en el valle del fracaso. «Nunca me fijé en las consecuencias de perder un tiro importante... cuando tú piensas en las consecuencias, siempre piensas en un resultado negativo». El quedarte mirando para atrás, te impide mirar hacia delante. El concentrarte en el fracaso o la frustración, le da categoría de gigante y te roba el futuro. Te llena de temor a volver a intentarlo. Claro que fracasaste, claro que es probable que vuelvas a fallar. Pero estás vivo y hay futuro para tu vida. «Air» lo dijo: «Puedo aceptar fallar, pero no puedo aceptar el no intentarlo».[96] Por eso, no te quedes en el valle de lágrimas, sino atraviésalo.

Si sigues llorando por el fracaso que tuviste, presta atención. ¿Cómo convertimos las lágrimas en fuente? Cuando no nos estacionamos en el fracaso que nos hace derramar lágrimas, sino que pasamos del fracaso al cambio. El valle de lágrimas del fracaso se convierte en fuente de victoria por medio del cambio. El apóstol Pablo lo pudo escribir así: *No es que lo haya alcanzado ya, ni que ya sea perfecto; sino que prosigo.*

Hay personas que se encuentran estacionadas en el dolor a causa de la formación recibida, pero no salen de ella. Deek Hock, director ejecutivo de VISA, lo expresó así: «El problema no es cómo tener ideas innovadoras en la cabeza, sino cómo deshacerse de las antiguas». Alguien dijo: «He recibido una educación extraordinaria, me ha llevado décadas poder sacármela de encima». No te obsesiones con cosas que no le han dado resultado a tus padres y abuelos, y tampoco a ti. El puente que nos conduce del fracaso pasado al logro futuro se llama cambio. Jim Rohn nos lo dice punzantemente: «¡Si no te gusta dónde estás, cambia! No eres un árbol...» Esto se aplica a los pequeños fracasos como a la vida toda, cuando nos sentimos frustrados. No fuiste creado por Dios para vivir con sensación de fracaso, ni persiguiendo enfermizamente logros, que ni siquiera disfrutas cuando los alcanzas, para poder sentirte que eres alguien. No eres un árbol sino más bien un saltamontes, como diría el doctor Félix Socorro. Ellos saltan de un lugar a otro con rapidez, agilidad y precisión. No te quedes en el valle de lágrimas[97].

El cambio es bueno, no es malo. No digas: yo soy resistente al cambio porque soy una persona conservadora. Conserva las cosas que te hacen bien, feliz y mejor persona. Pero no sigas conservando las que te dañan, limitan, frenan y lastiman a los demás. Recuerda que hasta las latas de conserva tienen fecha de vencimiento. Así también le ha llegado la fecha de vencimiento a tu actitud empecinada de quedarte lamentando el fracaso y eternizando la frustración. Cruza el puente del cambio. Las personas felices son las que *atraviesan el valle de lágrimas y lo convierten en fuente.*

Una de las páginas Web dedicadas a Michael Jackson, luego de su muerte, tiene como título: «*Para los que sabemos que* NUNCA *lo vamos a superar»*[98]. Hay muchas personas que se quedan detenidas en el NUNCA, o en el PARA SIEMPRE. El problema es que cuando se conjugan estos adverbios, la cosa se pone difícil. El estancamiento en la pérdida, en lo pasado, en el fracaso, hace que nuestras vidas queden sin futuro.

Hay personas que se quedan detenidas en el rechazo. Los vendedores son entrenados para experimentar rechazo. Woody Allen lo expresaba de este modo: «Hay cosas en la vida peores que la muerte. ¿Has pasado alguna vez una tarde con un vendedor de seguros?» Y Dennis Tamesin, de Northwestern Mutual Life Insurance, sabiendo que son muchos los que piensan como el genial actor y director, nos cuenta acerca del entrenamiento que los vendedores reciben para soportar el rechazo: «Tenemos algo en esta industria llamado el ratio 10-3-1. Esto significa que de cada diez llamadas que un vendedor efectúa, sólo llegará a realizar una presentación a tres de ellas, y si tiene buena aceptación conseguirá una venta. Necesitamos gente que no se hunda por ser rechazada constantemente».[99] Cualquiera sea nuestra profesión, en general, somos preparados para el rechazo en lo que ofrecemos. Pero no hemos sido preparados para superar el rechazo en la vida. Son miles los que se hunden, no por ser rechazados constantemente, sino por un rechazo que los marcó.

Hay personas que no pueden superar el fracaso de sus padres. Kurt Cobain, el cantante y guitarrista de la banda Nirvana en una entrevista en 1993, dijo: «Recuerdo sentirme apenado, triste por mis padres. Me avergonzaba compararme con mis amigos de la escuela, porque yo ansiaba pertenecer a ese tipo de familia clásica, a una familia típica. Madre, padre... Yo quería esa seguridad. Odié a mis padres durante años por esa razón»[100]. El odio nos deja petrificados en el pasado, imposibilitados de mirar hacia delante. Es como un fino veneno que vamos sorbiendo lentamente, y que cada día nos va robando la vida. Hay personas incapaces de perdonar. Como diría el psiquiatra estadounidense James D. Mallory, siguen pasando lustre a los bustos de los héroes que los hirieron. Hay otros que son incapaces de perdonarse a sí mismos. Viven con culpa, sintiéndose sucios. Freud decía que de las tres causas de sufrimiento humano, los desastres de la naturaleza, el propio cuerpo o las relaciones con los otros humanos, esta última era la causa más frecuente e importante.

Si sigues llorando por lo que te hicieron, presta atención: ¿Cómo convertimos las lágrimas en fuente? Cuando no nos estacionamos en la herida del que nos lastimó, sino que pasamos del dolor al perdón. Si no perdonamos, seguiremos estacionados en el valle de lágrimas. Pero cuando perdonamos, atravesamos. El valle de lágrimas de dolor se convierte en fuente de restauración por medio del perdón.

Es verdad, las heridas en nuestra infancia nos marcan. Pero no son incurables. Hoy hay un término que se usa en psicología y es *resiliencia*. Es la capacidad que las personas tienen para sobreponerse a situaciones de fuerte dolor e impacto emocional, como por ejemplo, el ocasionado por la pérdida de un ser querido, el maltrato o abuso psíquico o físico, el abandono afectivo, el fracaso, las carencias sufridas por pobreza.

Boris Cyrulnik, neurólogo, psiquiatra, psicoanalista y etólogo francés, nació en el seno de una familia judía. Sus padres murieron en un campo de concentración nazi, del que él pudo huir con sólo seis años. Una tía y unos vecinos lo recogieron y rodearon de afecto. Estas experiencias de vida lo llevaron a ser psiquiatra, y como tal desarrolló el concepto de la resiliencia, como un renacer del sufrimiento. Cuando él explica el porqué de esta visión, dice: «porque en psicología nos habían enseñado que las personas quedaban formadas a partir de los cinco años. Los niños mayores de esa edad que tenían problemas eran abandonados a su suerte, se los desahuciaba y, efectivamente, estaban perdidos. Ahora las cosas han cambiado: sabemos que un niño maltratado puede sobrevivir sin traumas si no se lo culpabiliza y se le presta apoyo».

La cuestión es qué vamos a hacer con nuestras heridas. ¿Victimizarnos? ¿Vengarnos? ¿Llorar por los rincones? No. Sobre todo porque hay posibilidad de atravesar el valle del dolor y convertirlo en fuente. Compartimos esta visión no fatalista del psiquiatra francés. Como bien dice Aldo Melillo, el destacado psicoanalista argentino que mejor describe el pensamiento de Cyrulnik, «la historia explica el presente pero nunca cierra el futuro. Una historia infeliz no conduce necesariamente a un destino infeliz. Exactamente del mismo modo que una infancia feliz no alcanza, no garantiza la construcción de un adulto que alcanza su plenitud como persona»[101].

¿Cómo convertimos las lágrimas en fuente? Atravesando. Es decir, cuando no nos estacionamos en el sufrimiento que tanto nos ha hecho llorar. El estacionamiento en cosas del pasado nos paraliza, nos estanca en lo vivido. Por eso la gente que cambia el valle de lágrimas en fuente, es gente que atraviesa, que no se estaciona allí. Todos pasamos por el valle de lágrimas. Algunos hacen de una experiencia dolorosa del pasado, un aprendizaje y un trampolín que los impulsa a lo mejor; lamentablemente, otros se quedan petrificados en esa experiencia y se eternizan en el valle de lágrimas.

¿Eres de los que atraviesan o de los que se estacionan? Lo contrario a atravesar es obsesionarse con algo o con alguien. No estoy hablando aquí de un trastorno obsesivo compulsivo. Estoy hablando de obsesión en el sentido de la persona que se estaciona en algo del pasado. Deriva del latín: *obsessio*, que significa sitio, asedio. A su vez viene de *Ob*: sobre, hacia, contra. Y *sedere*: estar sentado. Así que cuando alguien se sienta *sobre* algo que ya pasó, cuando alguien se ve continuamente orientado *hacia* algo o alguien, cuando una persona se siente perfilada constantemente en sus pensamientos y acciones *contra* otros, resulta que se está obsesionando con eso o con ese alguien, y se estaciona en el valle de lágrimas, en lugar de convertirlo en fuente.

Las personalidades VIP también se estacionan en el pasado. Él ha sido una de las celebridades máximas de todas las épocas. Es conocido como el Rey del Rock, o simplemente el Rey. Es el ícono de la música del siglo XX. Me refiero a Elvis Presley. ¿Qué pasó para que esta megaestrella que superó los 1.000 millones de discos vendidos, de pronto entrara en un tobogán, convirtiéndose en una imagen burda del que había sido, y con serios problemas de dependencias de droga, alcohol y dificultades severas para funcionar normalmente? Sus biógrafos dicen que hubo un antes y un después de su divorcio. En 1973, Priscila Presley presenta la demanda de divorcio y consigue la tutela de su hija. Ella declaró que no podía seguir en el ambiente de soledad, insatisfacción e infidelidades que dejaba la estela de fama que rodeaba a su marido y que lo habían encaminado a la decadencia. La separación fue tan dura para él que lo dejó en un profundo estado de depresión del que nunca se recobraría.

Hay personas que se obsesionan con un amor del pasado, que ya no existe más. Hay personas que se quedaron enganchadas en una relación amorosa que ya no está y que los dañó, no quieren dejar atrás esa relación y la manera que tienen de seguir ligadas a ella es relacionarse con otras personas igualmente enfermas que vuelvan a lastimarlas como aquella otra persona. Y se sientan en el valle de lágrimas.

Vincent van Gogh ha sido sin lugar a dudas un pintor VIP. Una de sus obras, el *Retrato del doctor Gachet*, se vendió nada menos que en 82 millones de dólares. Sin embargo, su historia es la de un hombre absolutamente insatisfecho, no sólo porque durante su vida sólo vendió dos cuadros, uno a su hermano, y ambos por casi nada, sino porque especialmente su existencia fue muy desdichada. Fue alguien muy apasionado, pero desgraciado y rechazado por las mujeres. Cuando tenía veinte años sufrió, en Londres, un desengaño amoroso que lo marcó para siempre. Vivía en una modesta pensión y se enamoró de la hija de su patrona. Su amor no fue correspondido. El genial artista fue rechazado por primera vez. Esto lo deprimió y provocó que su carácter se volviera huraño, violento, melancólico y solitario. A partir de allí, él se sentó sobre ese rechazo y esto lo empujo a repetir la experiencia, estancándose en el valle de dolor. Más tarde se enamoró de su prima, una viuda mayor que él. Fue rechazado de nuevo. Desde ese momento en su vida, sólo se volvió a relacionar con prostitutas. Una de ellas, Sien, le contagia sífilis, que junto a la mala nutrición, el alcoholismo, la epilepsia y la esquizofrenia, acrecentó los desequilibrios mentales del genial pintor. Se cortó una oreja y se la envió a otra prostituta cuando su amigo Gauguin lo abandonó. Y murió disparándose un balazo en el pecho[102]. Nunca atravesó el valle de lágrimas en el que se estacionó a los veinte años.

Hay noviazgos obsesivos. Son relaciones enfermizas, pero que continúan. La persona sabe perfectamente que se trata de una relación no sana, y sin embargo no corta la relación. Cuando uno le pregunta por qué, te responden: «es que la amo». Pero eso no es amor. Eso es obsesionarse. Porque el amor verdadero parte de amarse a sí mismo sanamente, para poder dar esa misma calidad de amor sano al otro. Pero el que se obsesiona se ha determinado a vivir el resto de la vida en un valle de lágrimas.

Hay personas que siguen estacionadas en el pasado, asidas de los buenos recuerdos de cosas, que ya no están, pensando que todo tiempo pasado fue mejor. Todo esto nos roba el futuro.

No te estaciones en el pasado, no te estaciones en el valle de lágrimas. No seas obstinado, no te obsesiones. Lo contrario a la obsesión y a la obstinación es fluir, atravesar. Si te estacionas, te sucederá lo mismo que le sucede a tu automóvil si lo dejas en un lugar donde está prohibido estacionar. Primero te van a poner el cepo. Luego vendrá la grúa y te llevarán, y pagarás caro. Algunos están con cepo puesto hace años. Siguiendo la etimología de «obsesión», están sitiados, asediados por el pasado. ¡Resulta indispensable que permitas que tu vida fluya! Poder soltar, dejar la obstinación, y la obsesión. Vas a salirte del estacionamiento, vas a atravesar el valle de lágrimas. Lo vas a cruzar. Vas a cambiar el valle de lágrimas en fuente. En manantial de vida. Para poder tener futuro.

Lucy Gordon, la ascendente actriz británica, protagonista de *El Hombre Araña III*, se quitó la vida, aparentemente ahorcándose, en su departamento de París. Algunos amigos de la actriz de tan sólo veintinueve años dijeron que la vieron muy afectada por el suicidio de un amigo muy cercano[103]. Hay personas que siguen estacionadas en el pasado, y se victimizan sintiendo autocompasión por lo sufrido. Si es tu caso, si sigues llorando sintiéndote pobrecito, sintiendo autocompasión, presta atención. ¿Cómo convertimos las lágrimas en fuente? Cuando no nos estacionamos en la victimización que nos hace derramar lágrimas, sino que pasamos de la autocompasión a la madurez de no estar centrados en nosotros mismos. Si no maduramos saliéndonos del centro, seguiremos estacionados en el valle de lágrimas, sintiéndonos víctimas. Pero cuando maduramos, atravesamos. El valle de lágrimas de la autocompasión se convierte en fuente de alegría y paz, por medio de la maduración y el descentramiento; entonces hay futuro.

Las circunstancias negativas que nos tocan vivir dejan marcas, complejos, sensaciones de rechazo. Gary Coleman fue el actor más visto en TV durante la década del ochenta, y de los más vistos de toda la historia de la televisión, con su serie *Blanco y Negro*, y su famosa frase: «¿De qué estás hablando Willis?» Nació con una enfermedad renal que le causó nefritis, y que detuvo su crecimiento a temprana edad, y provocó que desarrollara una estatura de tan sólo un metro con cuarenta centímetros. Gran parte de su fortuna la perdió en tratamientos que lo hicieran crecer sin lograrlo. El diario *Clarín*, dijo que en cada declaración del actor sobre su pasado, «escupe resentimiento». Y tituló el artículo: «veneno en frasco chico». Estuvo preso por agresión y llevó a sus padres a juicio por quedarse con sus ganancias. En uno de los juicios en los que se vio involucrado, queda retratado el corazón de un hombre que nunca pudo atravesar su valle de lágrimas, sino que su problemática lo sitió y capturó para siempre en una cárcel de dolor e inferioridad. La NBA, la liga de básquet estadounidense, le hizo juicio por sus constantes críticas. Al actor nunca le gustó ese deporte, por su escasa estatura[104].

Si sigues detenido en el valle de lágrimas porque te sientes frustrado por las circunstancias que te tocaron vivir, presta atención. ¿Cómo convertimos las lágrimas en fuente? Cuando no nos estacionamos en la baja tolerancia a la frustración que nos hace derramar lágrimas, sino que pasamos a la aceptación. Si no aceptamos las realidades negativas como oportunidades que Dios nos da para crecer, seguiremos estacionados en el valle de lágrimas, sintiéndonos airados. Cuando acepto las realidades negativas como oportunidades para crecer, atravieso, de la intolerancia a la frustración. El valle de lágrimas se convierte en fuente de crecimiento por medio de la aceptación.

Ahora, si permaneces en el valle de lágrimas porque vives acusándote, presta atención. ¿Cómo convertimos las lágrimas en fuente? Cuando no nos estacionamos en la culpa que nos hace derramar lágrimas, sino que pasamos de la culpa a la gracia. La palabra «gracia» está asociada a la palabra «misericordia». Por misericordia es que no recibimos de Dios lo que merecemos. Y por gracia es que recibimos de Dios cosas maravillosas que no merecemos. Si no nos perdonamos, como Dios nos perdona, seguiremos estacionados en el valle de lágrimas, porque la acusación, la culpa nos atormentarán y nos impedirán salir adelante y disfrutar del perdón de Dios. Pero cuando aceptamos la gracia inmerecida de Dios y su perdón maravilloso, entonces atravesamos.

El rey David pecó, y como consecuencia de su pecado el profeta Natán le dijo que su hijo moriría. David clamó, ayunó, pero finalmente su hijo murió. Y cuando su hijo murió David se levantó de la tierra, y se lavó y se ungió, y cambió sus ropas, y entró en la casa de Jehová, y adoró. Después vino a su casa, y pidió, y le pusieron pan, y comió. Para todo su séquito su comportamiento era inentendible. Porque ahora que su hijo había muerto, era el momento para estar triste, ayunar. Pero él hizo todo lo contrario. Es decir, David dio vuelta la página y siguió adelante. El valle de lágrimas de la culpa se convierte en fuente de paz y gozo por medio de la gracia recibida.

Nuestros ojos derraman lágrimas cuando nos alejamos de Dios, y vivimos vidas que van contra su voluntad. Es allí cuando nos llenamos de culpa. Porque cuando vamos en contra de las leyes que Dios estableció, estamos en una situación antinatural. No podemos fluir, no podemos avanzar. Cuando nos estancamos en hábitos destructivos para nuestras vidas, para nuestros matrimonios, para nuestras familias, definitivamente nos quedamos petrificados en el valle del sufrimiento. Si sigues llorando por esos hábitos de los que no puedes desprenderte, presta atención: ¿Cómo convertimos las lágrimas en fuente? Cuando no nos estacionamos en la desobediencia que nos hace derramar lágrimas, sino que pasamos de la rebeldía a la obediencia. Jesús le dijo a aquella mujer que había sido encontrada en adulterio y que el pueblo quería apedrear: *yo tampoco te condeno, vete, y no peques más.* Si no aceptamos la necesidad de abandonar lo que es contrario a lo que Dios quiere, seguiremos estacionados en el valle de lágrimas, porque continuaremos siendo esclavos de nuestros hábitos y volveremos a sufrir las consecuencias. Pero cuando decidimos poner nuestra vida en armonía con lo que Dios quiere, entonces atravesamos. El valle de lágrimas se convierte en fuente de renovación en nuestra vida, por medio de alinearnos con lo que Dios manda. La culpa nos orienta hacia el pasado, pero vivir a cuentas con Dios, libera nuestro futuro.

El ser VIP no te inmuniza del dolor ni tampoco de la trampa de quedarse estancado en el pasado. Ser fuerte, exitoso, triunfador en lo profesional, muchas veces no va acompañado de fortaleza espiritual y emocional que impulse a superar los malos momentos. Pocos deportistas de elite proyectaron una imagen de hombre de acero, de invencible, como Mike Tyson, el campeón del mundo de los pesos pesados más joven de toda la historia. Pero esa coraza indestructible esconde un ser herido por la vida, con muchos conflictos y pérdidas. Entre ellas, la muerte de su hija Exodus. Tyson lo expresa así: «Realmente recibí una paliza con su muerte. Me quedaba en casa, deprimido; fue un momento oscuro en mi vida; estoy en la negación, porque no sé cómo manejarlo. No sé qué hacer o decir».[105] A pesar de la pérdida, es preciso atravesar el dolor.

Si sigues estancado en el valle del dolor a causa de una pérdida sufrida, presta atención: ¿Cómo convertimos las lágrimas en fuente? Cuando no nos estacionamos en la pérdida que nos hace derramar lágrimas, sino que pasamos de la pérdida a la ganancia en la que Dios transforma todas nuestras pérdidas. Salomón escribió: *Nunca digas: ¿Cuál es la causa de que los tiempos pasados fueron mejores que éstos? Porque nunca de esto preguntarás con sabiduría.* Y San Pablo decía que Dios hace que aun las cosas malas sean transformadas para quienes confían en Él, en cosas que ayudan a bien. ¿Cómo que las cosas malas pueden ayudar a bien? Alguien lo ilustró muy sencillamente. Para hacer una torta o un pastel, se necesitan varios ingredientes, como la harina y la levadura. Si uno prueba aisladamente la harina, no tiene un sabor rico. Por el contrario. Lo mismo sucede con la levadura. Pero cuando estos ingredientes se unen y se forma la torta, y uno la prueba, experimenta un sabor delicioso. Así hace

Dios, mezcla nuestros ingredientes de dolor, frustración, fracaso, y los convierte en propósito para nuestra vida, en un pastel que nos da crecimiento.

Si no aceptamos la pérdida, si no creemos que Dios la convierte en ganancia para nuestro bien, seguiremos estacionados en el valle de lágrimas, porque estaremos obsesionados, sentados sobre la pérdida, llenos de amargura. Pero cuando fluimos por medio de la fe, y dejamos de preguntarnos: «¿por qué?», a preguntarnos «¿para qué?», entonces atravesamos. El valle de lágrimas de la pérdida se convierte en fuente de ganancias en nuestra vida, por medio de la fe. La amargura del porqué, se convierte en el propósito del para qué. Las crisis se transforman en oportunidades de crecimiento.

Tal vez, en este mismo momento en que estás leyendo esto, estás atravesando un valle de lágrimas. Quiero animarte a que a partir de hoy lo conviertas en fuente de restauración, de victoria, de alegría y paz, de crecimiento, de fortalecimiento, de ganancia, de renovación y de propósito. Descansa, poniendo tu vida en las manos de Dios y empieza a creer que Él hará que todas las cosas ayuden a tu bien.

Cuando te estacionas, te obsesionas, y caes en la obstinación. La Biblia dice: *Porque como pecado de adivinación es la rebelión, y como ídolos e idolatría la obstinación.* ¿Sabes por qué la obstinación es similar a la idolatría? Porque esa persona, esa experiencia, ese trauma, esa pérdida, ese logro, se han convertido en tu dios. Controlan tu vida, manejan tus estados de ánimo. Por eso, hoy vas a renunciar a la obstinación, y vas a «desestacionar» tu vida del valle del dolor, y vas a marchar hacia el futuro. Vas a poner tus fuerzas en

Dios. Y entonces vas a fluir, a atravesar. Dejarás de estar sentado sobre (*ob sentare*) y empezarás a caminar en pro de tu futuro maravilloso.

Mucha gente me pregunta: «¿Cómo se atraviesa? ¿Cómo hago cuando los pensamientos me empujen a obsesionarme, a estacionarme en lo viejo?» Tres pasos concretos, tres letras «R» para que los recuerdes. Primero, vas a *renunciar* a la obstinación y a la obsesión. Los ángeles le dijeron a Lot: *Escapa por tu vida; no mires atrás, ni pares en todo este valle; escapa al monte, no sea que perezcas.* Es tu vida la que está en juego. No te detengas en el valle del dolor. Escapa, avanza al futuro.

Segundo, vas a *renombrar*. No vas a llamar más pérdida lo que Dios llama ganancia. No vas a llamar más crisis lo que Dios llama oportunidad. No vas a llamar más al pasado como mejor que tu futuro. No vas a llamar más imperdonable lo que Dios ha perdonado. Y aun las cosas que no ves, las vas a llamar desde la fe, porque Dios llama las cosas que no son como si fuesen. En tu boca hay poder. Las palabras no describen la realidad, la estructuran, la crean. Por eso vas a dejar el lenguaje negativo, y vas a renombrar, llamando a las cosas como Dios las llama. Y tercero, vas a *reenfocar* tu vida. Inmediatamente vas a direccionar tus pensamientos hacia tu futuro. *Olvidando ciertamente lo que queda atrás, y extendiéndome a lo que está delante.*

¡Tienes futuro, y un futuro maravilloso! Tal vez no lo puedas ver, porque te sucede como a la mujer de Lot, que quedó petrificada por mirar atrás. Pero ahora vas a mirar hacia delante, y le vas a decir a Dios: «Señor muéstrame mi propósito, qué cosas maravi-

173

llosas tienes para mí por delante. Señor, atravieso, atravieso, atravieso».

Ante el interrogante de cómo hacemos para sobreponernos, Boris Cyrulnik, el psiquiatra y neurólogo de la resiliencia, recomienda los afectos y la fe. Dice: «Las emociones de la fe atenúan el dolor. Los creyentes sufren menos que los no creyentes. Incluidos los problemas cardíacos, los cánceres. Rezar, científicamente, produce más ondas alfa, es decir, que los índices biológicos del estrés desaparecen». No se trata de creer en dioses coléricos ni vengativos, agrega, sino que «lo que el ser humano necesita es una base afectiva que le dé seguridad»[106].

El salmista bíblico decía hace treinta siglos, que la manera de cruzar el valle de dolor y convertirlo en manantial era estar apoyado en esa base afectiva de seguridad que es Dios: *Bienaventurados aquellos cuyas fuerzas están en Dios... atraviesan el valle de lágrimas y lo convierten en fuente.* Y ya que todos alguna vez pasamos o vamos a pasar por ese valle es bueno que sepamos encontrar esa base afectiva de seguridad que es Dios. Y que sepamos también que podemos atravesar el valle sin necesidad de estacionarnos en el dolor. Tu pasado de dolor puede explicar tu presente de limitación, pero no determina tu futuro. No debemos seguir permitiendo que nuestro pasado destruya lo que Dios tiene para nosotros en el presente y en el futuro. Porque según Él, tu futuro es maravilloso.

CAPÍTULO 9

Personas Muy Insatisfechas
por falta de propósito

Carl Jung señaló que una persona que a los cuarenta no tenga un propósito importante en la vida está destinada a ser un individuo neurótico. Es indudable que la falta de propósito en la vida es una de las causas principales para que las personas se sientan insatisfechas. Pero, ¿acaso alguien VIP, es decir, alguien que se destaca en su profesión, puede desconocer su propósito, o vivir fuera de él? ¿No es que alguien es VIP porque ha desarrollado su propósito, y como lo ha hecho tan bien se destaca y es una celebridad? La respuesta es: No necesariamente. El testimonio-confesión de Andre Agassi puede ayudarnos a introducir el tema y despejar nuestra duda. El tenista estadounidense se retiró en el 2006. Una carrera extraordinaria. Número uno del ránking mundial. Considerado como uno de los más grandes tenistas de todos los tiempos. Ganador de ocho grandes torneos llamados Gran Slam y de sesenta torneos más, diecisiete de ellos de la Master Series y de los Juegos Olímpicos 1996 en Atlanta. Sólo en premios llegó a ganar más de 30 millones de dólares, y es incalculable lo ganado por contratos y sponsors, dado que por muchos años fue el jugador más carismático del circuito.

La conclusión parecería obvia: si hubo alguien en la vida que tuvo claro su propósito y que disfrutó de él plenamente y por ello se convirtió en una celebridad VIP, ése fue Andre Agassi. ¡No lo creas! En un reportaje dijo: «la verdad es que no sabía quién era yo. Tenía miedo de perder, de la culpa y las bromas, del público y de mi padre. Realmente *odiaba* el tenis». ¿Odiar algo que uno hace tan extraordinariamente bien? ¿Acaso es posible? Parece que tú y yo no somos los únicos que levantamos esta pregunta. El «Kid de las Vegas» cuenta: «Le he dicho a mucha gente que yo odiaba el tenis, seria y fuertemente, y todos trataron de convencerme de lo contrario: "Ah, eso no es así, Andre. De hecho, tú amas el tenis"». Recién cuando le dijo lo mismo a su esposa y también extraordinaria tenista, la alemana Steffi Graf, por fin fue comprendido: «¿Quieres saber lo que me dijo Stefanie: "¿Acaso no lo odiábamos todos?"». Guillermo Coria, el gran jugador de tenis argentino, respondería afirmativamente a la pregunta retórica de Graf. Dijo que si hubiera ganado Roland Garros 2004, podría haberse retirado ahí mismo, por el odio que sintió en gran parte de su carrera. Tanto Andre como Steffi pueden reconocer que llegaron a ser lo que fueron presionados por sus padres. «Lo que es cierto es que ambos estuvimos en las manos de nuestros padres.» Y luego agrega Steffi «ha vivido una vida muy intensa, como yo. Marcas que hubo que cumplir, presiones, altas expectativas en el mundo, gente de la que te haces cargo».

Cuando uno vive cumpliendo su propósito en la vida, vive con pasión, con satisfacción. Pero no fue lo que Andre sentía mientras jugaba al tenis. Él deseaba desaparecer, y algunas de sus actitudes de joven tenista rebelde, «anti-sistema», dice él, eran formas de huir de algo que odiaba. En su libro confesó haber consumido drogas. En su caso fue «crystal meth». Pero él argumenta que no se debería culpar a los deportistas cuando dan positivo, sino más bien tener compasión por ellos y ayudarlos, porque es el resultado de que esos deportistas, al igual que él, están sufriendo. Cuenta de su sufrir de esta manera: «Mientras estaba ganando Wimbledon (1992), sentía que iba a morir. Me daba miedo fallar, me daba miedo pasar vergüenza».

¿Sufrir? A las personas que no son celebridades, les resulta difícil de entender esto, porque ligan el sufrimiento con la derrota, pero jamás con el éxito. Imaginan que al menos Agassi disfrutaría cuando ganaba. Eso es lo que el periodista, de otra manera, le pregunta: «Señor Agassi, ¿es posible que una persona feliz gane el título en Wimbledon?» El tenista le respondió: «Para mí, es difícil de imaginar... en mi mundo, eso es imposible. Lo máximo eran pequeños momentos de paz durante un partido, algo que los jugadores llamamos "La Zona". No se puede planear... Y todo pasa muy rápido».

Finalmente decidió retirarse. ¿Y cómo se sintió al hacerlo? «Libre. Fui liberado. Nunca extrañé el tenis. Nunca me gustó la competición. Nunca me gustó la presión que me ponía. Nunca me gustó que no pudiera ser perfecto ante eso.» Agassi jamás sintió que ése era su propósito en la vida, sino que estaba respondiendo a expectativas ajenas. Cuando le preguntan por qué escribió su libro de confesiones, dijo que lo hacía para ayudar a los que no saben cuál es su propósito en la vida: «Sentía que hay mucha gente que se despierta en una vida que no ha elegido». Ante el planteo de si en realidad las personalidades VIP son personas muy importantes o muy insatisfechas, Agassi nos responde: «Parecía que fui criado para *nunca estar satisfecho*. Sentía impotencia por lo mal que me sentía al perder y porque ganar tampoco me hacía sentir bien. No me podía escapar de eso».[107]

Por esta causa es que la mayoría de las personas en nuestro mundo viven sin pasión, sin fuego y sin alegría. Porque no saben para qué viven, cuál es el propósito para el cual nacieron. En cambio, cuando alguien descubre para qué fue creado, para qué está en este mundo, entonces se despierta dentro de él una pasión, un fuego interior más fuerte que todo, una alegría inconmensurable. Bernard Shaw lo expresaba así: «Ésta es la verdadera alegría de la vida, ser utilizado para un propósito que sabes que es poderoso; estar totalmente gastado antes de que te echen al basurero; ser una fuerza de la naturaleza, en lugar de una nube egoísta febril de enfermedades y dolencias quejándose de que el mundo no se preocupa por hacernos feliz».

En una de sus enseñanzas Jesús contó una parábola: *Además, el reino de los cielos es semejante a un tesoro escondido en un campo, el cual un hombre halla, y lo esconde de nuevo; y gozoso por ello va y vende todo lo que tiene, y compra aquel campo.* La enseñanza es clara. El campo es la vida. El tesoro es conocer y vivir el propósito para el cual uno fue creado. Fuiste creado por Dios, y te hizo único. Esto no es una figura retórica sino una realidad. Ninguno de los más de 6.000

millones de habitantes del planeta Tierra tiene tu huella digital. Ninguno tu color de ojos. Ninguno tu dentadura. Eres verdaderamente único, singular. Nadie como tú.

Hoy se lee mucho de esta singularidad. Especialmente en libros de autoayuda o libros motivacionales. Este tipo de lecturas dejan vacíos a sus seguidores, porque dicha singularidad es resaltada en términos egocéntricos. Saber que uno es único puede ayudar en algo para alcanzar identidad. Pero te deja vacío a menos que sepas para qué eres singular. Porque lo que los libros de autoayuda no te dicen es por qué Dios te hizo único. La razón es que tu propósito en la vida también es único.

Todo fabricante crea sus productos diferentes unos de otros, en función del propósito para el cual fabrica cada cosa. Un carpintero fabrica una mesa y la hace distinta de la silla que fabricó, porque cumplen propósitos diferentes. Propósito es la intención original para lo cual fuiste creado. Propósito es lo que Dios pensó para ti, que lo motivó a crearte. Fuiste creado para hacer algo que Dios tiene en su mente, que sólo puedes hacer tú. Así que cuando nosotros conocemos nuestra finalidad y nuestro propósito hemos encontrado el tesoro de la vida por el cual vale la pena «vender todo», y es el tesoro que nos llena de gozo la existencia.

Porque donde esté vuestro tesoro, allí estará también vuestro corazón. Esta otra enseñanza de Jesús dice que allí donde está nuestro tesoro, allí está nuestro corazón. Es decir, cuando encontramos la finalidad de la vida y el propósito para el cual Dios nos hizo, entonces se desata en nosotros una pasión por vivir. Pasión es un deseo más fuerte que la muerte. Es energía creada por un propósito y sentido para la vida. Es un compromiso más allá de la oposición. Significa que todo lo que viene en tu contra no te podrá detener en la concreción de tu sueño. Pero desgraciadamente la mayoría de las personas no tienen pasión porque desconocen su propósito; sólo aquellas que han afectado la historia tenían pasión por lo que hacían. Si dejas de perseguir lo que constituye tu sueño por la primera oposición o dificultad, o por la primera desilusión, entonces eso no estaba en tu corazón. Como dice Myles Munroe, la pasión es la clase de espíritu que le dice a la vida te voy a vivir hasta que te termine. Pero, tal vez, ése es tu problema, no encontraste todavía algo por lo cual vivir, por lo cual dar la vida, que te llene de pasión, que nada lo pueda detener, que te den ganas de empezar el día.

¿Lo que constituye tu actividad central todos los días coincide con tu propósito? Porque si lo que estás haciendo lo pudieras dejar de hacer y seguir igual, entonces no descubriste tu propósito aún. Si puedes cambiar tu ocupación central y todo sigue igual, entonces todavía no descubriste tu propósito. Aquello para lo cual fuiste creado es lo único que te puede satisfacer. Y cuando lo descubres, empeña tu vida. Eso es lo que está mal con la gente. No saben para qué viven, no tienen empeño para nada, porque desconocen su propósito. Cuando este desconocimiento perdura en el tiempo, la gente se deprime y algunos piensan hasta en quitarse la vida. ¿Y los VIP? También.

A mediados del 2009, Angelina Jolie ocupó el primer lugar en la lista de la revista *Forbes* de las actrices mejor pagadas de Hollywood. En el año 2008, fue elegida la persona más *sexy* de toda la historia. Ganadora de un Oscar, tres Globos de Oro. Empezó su carrera a los catorce años, recibiendo todos los reconocimientos dentro de su profesión. Sin embargo, en un reportaje a Chris Heath confesó su apatía y descontento con la vida, a punto de cortarse con cuchillos como medio de liberación: «Cuando la vida no te hace sentir nada... nada me llegaba adentro. Así que pasé por una etapa, sí, en la que me cortaba, porque así definitivamente sentía algo». Aunque no lo podía explicar muy bien, siguió hablando de esa mala etapa: «Por momentos quería que, físicamente, algo me... ya sea un cuchillo o un látigo, quieres que te saquen de adentro todo lo que te hace... quieres que todo se calme. A otros les agarra por el lado del sexo, y algunos tratan de volverse perfectos: ésa también es una enfermedad. Otros salen de compras. Yo me cortaba». La actriz contó que deseaba ver sangre para sentir que estaba viva. Y al explicar la causa para semejante insensibilidad y apatía dijo: «No sabía si quería seguir viviendo porque directamente *no sabía para qué vivía*». La falta de propósito no es exclusividad de los fracasados. A muchas celebridades la falta de propósito los conduce a pensamientos suicidas. A Angelina Jolie también. Cuando el periodista la interroga acerca de si pensó en matarse y de qué forma, respondió: «Sí. Estaba en un hotel de Nueva York. Tenía pensado usar un cuchillo y pastillas para dormir». Pero lo que la detuvo fue la parte de las pastillas, al menos en el aspecto práctico: ante la preocupación de que no le alcanzaran, le había pedido a su madre que le enviara más, pero se dio cuenta de que la haría sentirse responsable. Luego le contó al periodista que ese deseo se había repetido varias veces en su vida. A punto tal que en alguna oportunidad pensó en contratar a alguien para que la matara ya que «con la idea del suicidio viene la culpa de que tus seres queridos piensen que podrían haberlo impedido. En cambio, con un asesinato, nadie se siente culpable».[108]

En cambio, las personas que encontraron el propósito para sus vidas, viven en plenitud. Jesús dijo: *Por esta causa vine al mundo*. Por esta causa. ¿Has encontrado la tuya? ¿Puedes decir: «esta causa me hizo nacer»? ¿Por qué causa naciste y estás vivo? ¿Por qué causa te despiertas cada mañana? Y cuando uno sabe para qué vive, se enciende una pasión. No hay reloj para la pasión. No importa a qué hora te acuestas. Te tienen que llamar para comer, porque la pasión te envuelve y el propósito te cautiva.

Cuando uno sabe para qué vive, uno se hace alguien muy «peligroso». Todo lo que los demás puedan decirte, llegó tarde. Ya no te pueden manipular, ya no te pueden frenar. Te pueden criticar, pero hay algo más fuerte. ¡Sabes para qué vives! Aun físicamente te sientes bien. Norman Cousins decía que vivir sabiendo el propósito de la vida no es meramente un estado mental. El propósito, la esperanza y la determinación, tienen conexiones electroquímicas que afectan el sistema inmunológico. El vivir con un propósito conocido y encaminado es un poderoso antagonista de la depresión.

Vemos gente muy exitosa pero depresiva. No porque no hayan alcanzado logros, sino porque no se sienten felices con el propósito de sus vidas. El mejor arquero de fútbol del mundo, Gianluigi Buffon, en una entrevista al diario italiano *La Stampa*, declaró: «Rico y famoso, la depresión me atacó igualmente». Apodado como «Superman», en realidad estaba bien lejos de ser un súper hombre. Nos lo cuenta: «De pronto me temblaban la piernas. Era como si mi cabeza no fuera mía, sino de otro, como si siempre estuviera en otro sitio». Cuando se le pregunta por qué causa estaba depresivo, el arquero de la Juventus y de la selección italiana campeona del mundo, dijo sencillamente: «porque no estaba satisfecho con mi vida ni con el fútbol». Hasta que le tocó a él, jamás hubiera pensado que personas ricas o VIP, pudieran caer en depresión. «Ahora entiendes que hay discursos absurdos y superficiales. Porque hay miles de motivos para la depresión, incluso si eres rico y admirado. Y ahora puedo entender que te falte un estímulo, que no estés satisfecho con tu vida...»

Como ya escribí en varias oportunidades, a las personas no consideradas por la sociedad como VIP, les cuesta creer que alguien tan exitoso pueda sentirse así. Que alguien que desarrolla su profesión tan maravillosamente bien, como Agassi, Graf, Coria, Buffon, es decir, ricos, famosos, admirados, exitosos, puedan sentir rechazo por lo que hacen o son. Buffon describe este sentimiento de insatisfacción: «a veces pensaba por qué demonios era Buffon, un futbolista conocido... A veces te vuelves esclavo de tu propia persona, de lo que eres. A la gente, a los aficionados, no les importa saber cómo estás. Eres visto como el futbolista, el ídolo, y nadie te pregunta cómo estás. Te conviertes en un esclavo de tu propia imagen».

No es una cuestión de un testimonio personal, o la experiencia de algunos. Es una cuestión existencial que nos involucra a todos. Viktor Frankl lo explica técnicamente. Dice que uno puede trazar dos líneas: una que va del fracaso al éxito, y otra, en un plano totalmente diferente, que va del vacío al propósito, al significado. Sería algo así:

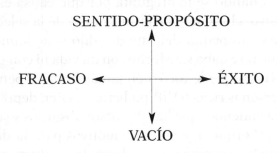

SENTIDO-PROPÓSITO

FRACASO ← → ÉXITO

VACÍO

Uno puede estar bien a la derecha en la línea del éxito, es decir ser una persona exitosa y sentirse vacía. En realidad, la mayoría de las personas experimentan un profundo vacío al alcanzar el éxito. Sienten que aquello por lo que lucharon tanto, ahora ya lo tienen y se preguntan: «y ahora ¿qué de mi vida?» Gianluiggi Buffon reconoció: «Materialmente no me faltaba nada, pero luego entiendes que debe haber valores morales, afectivos, religiosos... Cuando te faltan, existe el riesgo... de caer en un agujero negro»[109].

Sí, es vital que nuestra vida tenga fundamentos espirituales. La mayoría de las personas se olvida de esto y dedica toda su existencia únicamente a construir una posición material, social, profesional. Y llegan a un momento en que se sienten tan vacíos que se replantean todo, o casi todo. A algunos los sorprende la crisis de los cuarenta, a otros la de los cincuenta, a otros la de los sesenta. Y allí toman conciencia de que sus vidas no tienen propósito, y que no quieren vivir la otra mitad como la primera. Han logrado cosas, pero se sienten vacíos. Han alcanzado logros, pero no están satisfechos. Han vivido, pero en realidad no han vivido, sino que apenas han sobrevivido. Como dice Agassi, se despiertan en una vida que no han elegido. Se cuestionan si lo que han vivido es vida, y si están condenados a seguir viviendo lo mismo. Y entonces algunos cambian su cónyuge de toda la vida, por una jovencita o un jovencito. Intentan vivir como adolescentes cuando sus cuerpos ya no lo son. Y cuando la sombra de la muerte aparece en el horizonte de sus vidas, se replantean todo, menos lo importante.

La brillante autora, compositora y cantante Eladia Blázquez lo dijo de forma inmejorable, en su maravillosa canción, *Honrar la vida*:

*Permanecer y transcurrir
no es perdurar, no es existir
ni honrar la vida.
Hay tantas maneras de no ser,
tanta conciencia sin saber,
adormecida...
Merecer la vida no es callar
y consentir tantas injusticias
repetidas.
Es una virtud, es dignidad
y es la actitud de identidad
más definida.
Eso de durar y transcurrir,*

no nos da derecho a presumir,
porque no es lo mismo que vivir
honrar la vida.
No, permanecer y transcurrir
no siempre quiere sugerir
honrar la vida.
Hay tanta pequeña vanidad
en nuestra tonta humanidad enceguecida.
Merecer la vida es erguirse vertical,
más allá del mal, de las caídas.
Es igual que darle a la verdad
y a nuestra propia libertad
la bienvenida.
Eso de durar y transcurrir
No nos da derecho a presumir,
porque no es lo mismo que vivir
honrar la vida.[110]

Por eso, la buena noticia es que no estamos condenados a vivir igual. No importa la edad que tengamos. Si eres joven, mejor. Tienes más años por delante para disfrutar plenamente de la vida. Si eres alguien ya mayor, estás a tiempo. Aunque tengas sólo un día de vida, vive una vida que merezca ser vivida. Y es imposible vivir esa vida plena, sin una relación con Dios, y un sentido de propósito.

Como dije, el problema de los libros de autoayuda es que han gastado algunas palabras vaciándolas de sentido, y dejando a sus lectores más vacíos que antes de leerlos. Es cierto que eres único, pero ¿para qué? Es cierto que resulta vital reorientar la vida, pero ¿hacia dónde? Te dicen: «Tú puedes», y eso te llena de cosquillitas emocionales por unos segundos, pero luego te preguntas «¿puedo qué?» Porque si la singularidad, el potencial y el propósito los orientamos egocéntricamente, entonces seguiremos absolutamente insatisfechos. La gente VIP nos puede ayudar a ahorrar tiempo. Sus padres, la sociedad toda, los preparó para ser los dioses de sus propias vidas y pensar únicamente en ellos. Ellos llegan a ser número 1, es decir, únicos. Ellos logran todo lo que se proponen. Para ellos «*nothing is impossible*». Pero luego escriben sus confesiones, o abren su corazón en un reportaje, y nos dicen: «Soy una persona muy insatisfecha».

Cuando levantamos los ojos al cielo y descubrimos que no somos dios, y que necesitamos de Dios, cuando miramos alrededor y vemos que podemos desatar aquello para lo cual Dios nos hizo dejando huella en el mundo, siendo canales de ayuda para los demás, entonces nuestra vida tiene propósito. Sin embargo, muchos siguen mirándose a sí mismos, desesperados además por que los demás los miren. La sociedad ya determinó que ser una persona VIP es tener éxito, reconocimiento y dinero, no importa nada ni nadie más. Y quizás esto es lo que has estado persiguiendo: anular tu llamado interior.

Así funciona nuestra sociedad. Hunter «Patch» Adams, el médico estadounidense, en cuya vida se inspiró la película *Patch Adams (Doctor de la Risa)* protagonizada por el actor Robin Williams, dijo: «Todos los mensajes disponibles para los chicos en la TV sólo dicen "Tú quieres dinero y poder". Ése es el mensaje principal y los chicos de todo el mundo lo toman. Si son pobres, roban, venden su cuerpo o a sus hijos. Y si son ricos se vuelven más ricos. Las tres personas más ricas tienen tanto dinero como los cuarenta y ocho países más pobres. Y la TV enseña que esas personas deben ser admiradas. Paris Hilton, Donald Trump, posiblemente conoces esos nombres. Paris Hilton tiene 800 millones de dólares y un libro que dice "mírame, mírame, mírame". No le deseo nada malo a Paris Hilton, pero si tú tienes dinero y no ayudas, no eres nada, lo siento»[111].

Si te pidiera que mencionaras personas verdaderamente importantes, estoy seguro de que no mencionarías una modelo, ni un actor, ni un cantante, ni una «socialité». Estoy convencido de que mencionarías gente como Martin Luther King, la Madre Teresa, Alberto Schweitzer, entre otros. Martin Luther King fue uno de los grandes hombres de la historia. Pastor bautista que marcó un antes y un después en la historia de su nación y del mundo. Como toda persona que conoce bien su propósito, él recibió un espíritu que era muy difícil de manipular. Es muy famoso ese gran discurso que Martin Luther King dio desde las escaleras del Lincoln Memorial: «*I have a dream*» (Tengo un sueño). Sin embargo, el mensaje más grande que dio ese hombre no fue el que pronunció en ese lugar, sino el que llegaría a ser su último mensaje. El día antes de morir, ofreció un discurso llamado «*I've been to the Mountaintop*» (He ido a la cima de la montaña). En ese mensaje se paró delante de la gente y pronunció la declaración más grande que ese hombre jamás hizo. Para ese entonces ya lo habían amenazado varias veces de muerte en todo el país, pero convencido de que había nacido para hacer lo que estaba haciendo, luchar por la igualdad del pueblo negro, se paró y dijo: «Ya no importa».

Jamás te sentirás pleno, hasta que no puedas decir como él: «Ya no importa». No importa lo que hagan, lo que planeen, lo que digan, yo sé por qué vivo y aún sé que mi vida tiene sentido aunque me maten. En su mensaje dijo: «Tenemos unos días difíciles por delante. Pero ahora no me preocupa a mí. Porque yo he ido a la cima de la montaña. *Ya no importa*. Como cualquiera, me gustaría vivir una vida larga. La longevidad tiene su lugar. Pero no me preocupa eso ahora. Sólo quiero realizar la voluntad de Dios y Él me ha permitido ir arriba de la montaña. Y lo he revisado. Y he visto la tierra prometida. Puede que no llegue allí con ustedes. Pero quiero que esta noche sepan que nosotros, como un pueblo, llegaremos a la tierra prometida. Estoy feliz esta noche. Nada me preocupa. No le temo a ningún hombre. Mis ojos han visto la gloria de la venida del Señor»[112]. Me pregunto si encontraste un sueño por el cual decir: ya no importa más… ¿Si estás viviendo o sobreviviendo? Él lo explicó: «No importa cuánto se viva sino cómo se vive, si se vive bien y se muere joven, se puede haber contribuido más que una persona hasta los ochenta años preocupada sólo de sí misma».

Sin embargo, es evidente que nos empujan a otra cosa. La Madre Teresa de Calcuta lo cuenta casi graciosamente: «Alguien me dijo en cierta ocasión que ni por un millón de dólares se atrevería a tocar a un leproso. Yo le contesté: "Tampoco yo lo haría. Si fuese por dinero, ni siquiera lo haría por dos millones de dólares. Sin embargo, lo hago de buena gana, gratuitamente, por amor de Dios"»[113].

189

Albert Schweitzer, filósofo, teólogo, eximio músico organista, un día decidió estudiar medicina, a pesar de que no le gustaba, como una forma de retribuir a la humanidad lo que él había recibido como un don: la salud y la felicidad, ayudando a los enfermos. Con su esposa llegaron a Lambaréné, Gabón, en África, y en un gallinero improvisó un hospital, donde sólo pudo colocar una cama de campaña. El trabajo en el hospital era cada vez más intenso, sin embargo Schweitzer lo realizaba con gran alegría por estar en un lugar donde sentía que estaba cumpliendo su propósito en la vida siendo de gran utilidad para sus semejantes. Después de grandes luchas y privaciones, pasando muchas vicisitudes a causa de las dos guerras mundiales, el médico misionero murió a los noventa años. Finalmente, vio erigirse el hospital al pie de la colina, con sala de espera y de pacientes, con piso de cemento y amplios ventanales sin vidrios, cubiertos con tela metálica para evitar los mosquitos. Él dijo qué fue lo que lo llevó a vivir una vida tan llena de propósito: «Un pensamiento muy importante en mi vida es que la felicidad o suerte que nos trae la vida no las podemos considerar como algo evidente, sino que debemos a cambio ofrecer un sacrificio u ofrenda de servicio a los otros».[114]

Martin Luther King, la Madre Teresa de Calcuta, Albert Schweitzer, los tres fueron premiados con el Nobel de la Paz. Ellos sí que son VIP, personas muy importantes, trascendentes. Y frente a figuras de semejante talla, la reacción lógica de cualquiera de nosotros es: «¿Qué puedo hacer yo?, lo mío es insignificante». Pero eso es un grave error. La trascendencia de las cosas no depende de cuánta repercusión tengan, sino de cumplir aquello para lo cual fuimos hechos. La Madre Teresa lo dijo así: «Sé bien y lo sabe cada una de mis hermanas, que lo que realizamos es menos que una gota en el océano. Pero si la gota le faltase, el océano carecería de algo».

Hay algo de lo que nuestro mundo está careciendo: la concreción de tu propósito, de aquello para lo cual Dios te hizo. No hay que ser asesinado como Luther King, ni ir a un leprosario a la India, como Teresa, ni montar un hospital en el África, como Schweitzer, a menos que sean tus llamados. Pero no importa qué, no importa dónde, no importa la repercusión que tenga, no mueras sin dejar tu huella digital marcada en la realidad.

Quizá nunca siquiera supiste que tenías un propósito único en la vida. Y simplemente te dejaste llevar por la corriente. Cuando tienes una visión para tu vida los demás no lo pueden creer. Los que te rodean no pueden creer el sueño de Dios para tu vida. Ese sueño es mucho más grande que lo que tus padres soñaron. Más grande que lo que tus maestros dijeron que podías. Hasta tú mismo tienes problemas en creerlo. Porque por años creíste lo que los demás han determinado para ti.

Pero el que te creó, piensa de otra manera: *Porque yo sé los pensamientos que tengo para ustedes, dice el Señor, pensamientos de paz, y no de mal, para darles el fin que esperan. Entonces me invocarán, y vendrán y orarán a mí, y yo les oiré; y me buscarán y me hallarán, porque me buscarán de todo corazón. Y seré hallado por ustedes, dice el Señor.* Dios, tu creador, sabe bien para qué te creó. Tiene definido el propósito de tu vida. Te lo quiere mostrar para que alcances el fin que persigues: que tu vida sea feliz. Él te dice cómo descubrirlo. Dice: búscame que yo no voy a jugar a las escondidas. Búscame y me dejaré hallar. Pero búscame de todo corazón. Y seré hallado y te voy a revelar el propósito para tu vida. Entonces tendrás una visión clara de para qué vives, y una pasión fortísima inundará tu corazón, y cada día aunque te cueste despegar los ojos, vas a tener unas ganas enormes de vivir y de avanzar en el cumplimiento del sueño de Dios para tu vida. Búscalo de todo corazón y se dejará hallar.

La visión te da un destino, una meta para llevar a cabo, un destino a donde ir. Cuando no tienes esto, entonces tu vida va para cualquier lado, y te verás obligado a seguir el método de prueba-error-dolor. Pero cuando llegas a saber lo que Dios quiere para tu vida, entonces ya nunca más los demás te van a manipular con sus opiniones, con sus expectativas, con sus mandatos e histeriqueos.

Salomón comprendió el sentido de su vida y el propósito para el cual había sido creado, y su pasión lo llevó a niveles de autoridad y privilegio: *Sin darme cuenta, mi pasión me puso entre las carrozas reales de mi pueblo.* Dios desea sentarte en «carrozas reales», es decir, colocarte en niveles de realización personal, de disfrute, de autoridad y de privilegio. Al crearte ya puso dentro de ti todo lo necesario para que tu propósito en la vida se cumpla. Porque para ti hay una carroza real esperándote. Deja de arrastrarte, enciende el motor de la pasión, y levanta vuelo.

Lo que hace valiosa tu persona, no es cuánto tienes, ni cuánto lograste, ni cuánta gente te rodee, sino que fuiste hecho como una obra de arte única, imposible de ser repetida. Y que tu vida única tiene un propósito también único. Por eso hasta que no descubras tu propósito en la vida tu autoestima seguirá distorsionada. Pero fuiste predestinado con un propósito. Dios te creó y forjó un propósito para tu vida.

Tu vida vale porque Dios te procreó con un propósito único, que sólo tú puedes desatar. Muchas veces, tal vez, permitiste que otros te tiraran para atrás, y aun tú mismo fuiste hasta hoy tu principal enemigo, diciéndote que no podías, y amoldándote a lo que otros te han permitido, comiendo migajas de la vida, no desatando tu potencial, por creer que sólo hay que hacer aquello que los demás esperan. Pero eso es una mentira. Mira lo que dice el salmo 8: «*Me pregunto: ¿Qué es el hombre, para que en él pienses? ¿Qué somos los seres humanos, para que nos tomes en cuenta? Nos creaste casi igual a Ti, y nos coronaste de gloria y de honra: nos diste plena autoridad sobre todo lo que hiciste, nos diste dominio sobre tu creación*». Dios no sólo te creó con propósito, sino con todos los recursos para que concretes ese propósito en tu vida. Mira si eres valioso, que te hizo poco menor que Él mismo, y te coronó de gloria y de honra. ¿Cuándo le vas a creer a Dios, y en lugar de seguir viviendo vacío, en insatisfacción, corriendo detrás de la zanahoria del éxito, empiezas a vivir coronado de gloria y de honra?

Nelson Mandela lo dijo bien: «Nos preguntamos, ¿Quién soy yo para ser brillante, magnífico, talentoso, fabuloso? La pregunta relevante sin embargo es: ¿Quién eres para no serlo? Eres hijo de Dios. Tu pequeñez no le sirve al mundo. Todos podemos brillar, como lo hacen los niños. Nacimos para hacer manifestar la gloria de Dios que está entre nosotros. Ésta no se otorga solamente a algunos de nosotros, sino que está en todos. Y, mientras dejemos que nuestra propia luz brille, inconscientemente le damos permiso a otra gente a hacer lo mismo. Del mismo modo en que fuimos liberados de nuestro propio miedo, nuestra presencia libera automáticamente a otros.»

Quiero que entiendas que a menos que liberes tu potencial y cumplas tu propósito en la vida, nunca tendrás sentido de realización. ¿Qué es el sentido de realización? Muy fácil. Uno tiene sentido de realización cuando realiza aquello para lo cual fue realizado por el Realizador. Antes mencionamos a Bernard Shaw que desafiaba a que estés «totalmente gastado antes de que te echen al basurero». Por favor, cuando depositen tu cuerpo en la tierra, no le regales nada al cementerio. Hay una sola vida por vivirse, y una buena parte de ésta ya se te pasó. ¿Qué vas a hacer con lo que te queda? Podrás poner mil y una excusas. Y todas ellas ciertas. Sobre todo que hasta ahora no pudiste ser feliz, no pudiste o no te dejaron ser lo que Dios quiere. Pero quiero animarte a que no te resignes, porque Dios no se ha resignado. Para eso envió a su Hijo Jesús al mundo, para reconstruir en tu vida, todo lo que la gente, las circunstancias, la herencia, y aun tú mismo a causa de tus errores destruyeron. Cuando Jesús vino, también vino con un propósito. Él dijo: «Yo he venido para que tengan vida y para que la tengan en abundancia». No te resignes a seguir sobreviviendo. Honra la vida, fuiste creado por Dios, para Dios y para un propósito. Estás a tiempo. Entrégale tu vida a tu Creador para que Él la recree y la oriente hacia el propósito para el cual te creó. Entrégale tu vida a Cristo ahora. Tu vida será recreada, tu autoestima será sanada, porque tu vida empezará a tener sentido de realización.

CAPÍTULO 10

Personas Muy Insatisfechas
por falta de trascendencia

El día de su muerte llamó a su mujer, y a pesar de que en los últimos años había perdido la visión, abriendo los ojos, recuperó por un momento la vista, y pudo ver a ella, a sus hijos y a su nieto. Johann Sebastian Bach pidió que tocaran algo de música y que interpretaran una canción. Cantando a cuatro voces el coral «*Todos los hombres tienen que morir*», los compases de su vida llegaron a su fin[115]. A diferencia de Bach, el músico VIP de su tiempo, y una de las cimas de la música universal y del pensamiento musical occidental, la mayoría de las personas de nuestro tiempo no sólo no parten de este mundo cantando, sino que tienen terror a la muerte.

Hay un cuento breve que dice así: «"Busca mayonesa, queso manchego y pimienta", le dijo el esposo a su mujer, quien miró a los médicos y enfermeras como buscando una respuesta que le hiciera oler menos tragedia a su alrededor. Conectado a unos cinco equipos médicos, en medio de la sala de cuidados intensivos, el hombre balbuceaba recetas de cocina sin saber que el concurso no era culinario.

»Al salir, el médico le dijo a la mujer: "Está mejor. Lo vio, ¿habló con él?"

197

»Y ella, dibujando una sonrisa que no disimulaba su terror, respondió: "Sí, me mandó a buscar ingredientes para una tarta de queso".

»Rieron. Él con convencimiento. Ella vacilante.

»Pero cuando el médico dio media vuelta, la mujer corrió tras un supermercado»[116].

Este cuento nos revela la necesidad-desesperación que los seres humanos tienen de aferrarse a la vida. Unos meses atrás en uno de mis viajes, pude ver en el avión la hermosa y confrontadora película *My Sister's Keeper,* que es una adaptación de la novela de Jodi Picoult, *La decisión más difícil*. La película protagonizada por Cameron Diaz es la historia de una niña de trece años que presenta un recurso para emanciparse de sus padres. El motivo fue que la niña había sido concebida para intentar salvar a su hermana con leucemia, motivo por el cual desde que nació no paró de estar sometida a pruebas médicas, muchas de ellas dolorosas y traumáticas para conseguir sanar a su hermana mayor. Pero el tema de fondo de la película es todo lo que hacemos los seres humanos para evitar la realidad de la muerte, aun perder la calidad de la vida.

Claro, porque en todos nosotros está el hambre de trascendencia. Dentro de cada uno hay una fuerte conciencia de que la vida no puede ser sólo lo que vivimos entre la maternidad y la casa velatoria. Que tiene que haber algo más. Que no deseamos resignarnos a esa sensación de finitud, de limitación, de final. Desde siempre el ser humano manifiesta esta búsqueda de trascendencia. Como dice Robert M. Torrance, el hombre es un ser de búsqueda, es un animal *quaerens*, esto es, que pregunta o que busca. Y su búsqueda de trascendencia es un esfuerzo por trascender los límites, por abrir un horizonte que rompe con todo universo cerrado[117].

El ser humano se niega continuamente a dejarse limitar, porque siente que es más que cualquier circunstancia, que cualquier sistema, que cualquier autoridad, que cualquier esquema. Está «condenado» a la trascendencia. Vive permanentemente rompiendo límites, cruzando fronteras, yendo más allá de lo conocido y de lo establecido. Sin embargo, en esta búsqueda de trascendencia generalmente no encuentra una respuesta satisfactoria que lo llene. Este hambre interior no siempre encuentra el correlato en la realidad que lo satisfaga. Esto conduce a algunos a la angustia y la desesperación, a otros los lleva a probar caminos religiosos infructuosos, y a otros a actitudes autodestructivas. Las personalidades llamadas por la sociedad VIP, como a diferencia de la mayoría de los mortales que luchan por su supervivencia cotidiana, tienen aseguradas sus necesidades materiales básicas, son personas que en general se encaminan en esta búsqueda de trascendencia. Y lo hacen por todos los caminos posibles, o al menos, visibles para ellos.

Lamentablemente muchos de esos caminos son engañosos para el que busca. El lúcido pensador brasileño, Leonardo Boff, explica lo que él llama la pseudotrascendencia: «La verdadera clave de la pseudotrascendencia consiste en que manipula nuestra estructura de deseo y encauza toda nuestra capacidad de deseo hacia una cosa limitada, identificando ésta con la totalidad de la realidad. Y entonces nos frustramos, porque el deseo lo quiere todo, pero sólo obtenemos una parte»[118].

Algunos confunden *trascendencia* con *trasgresión*. El prefijo *tras* significa ir más allá. Efectivamente, como la búsqueda de trascendencia lleva implícita un fuerte anhelo de libertad, de superar límites, no son pocos los que creen que la manera de satisfacer ese deseo de trascendencia es por el camino de la trasgresión. Que el ir más allá de lo permitido, el violar lo prohibido calmará su sed de trascendencia. Trascendencia es un no rotundo a la limitación, pero para vivir mejor, no peor, en lo personal y como sociedad.

Hoy la palabra «trasgresor» es considerada como un elogio. Como un sinónimo de alguien libre. Cuando en realidad, la mayoría de las veces, los ejemplos son caricaturas de la libertad, como cuando Madonna es considerada la más trasgresora por utilizar en su videoclip *Like a Prayer* cruces ardiendo, estatuas llorando sangre y ella misma dedicada a seducir a un santo negro en medio de una iglesia. Uno se pregunta si además de ofender a millones de católicos en el mundo, que sintieron que algunos de sus símbolos sagrados fueron atacados, con el videoclip trasgresor se corrió algún límite que hizo que la humanidad sea más libre y viva mejor, sin agresiones y en paz. Para ayudarnos a distinguir la verdadera trascendencia de las pseudotrascendencias, Boff dice: «Si la experiencia no amplía nuestra libertad, ni nos proporciona más energías para afrontar los desafíos de la cotidianidad, común a todos los mortales, ni nos hace más compasivos, generosos y solidarios, entonces podremos seguramente decir: hemos tenido una experiencia de pseudotrascendencia»[119].

Otros confunden *trascendencia* con ser un *trásfuga*. Dijimos que el prefijo *tras* significa ir más allá. Y la búsqueda de trascendencia, es precisamente la necesidad de todo ser humano de ir más allá de cualquier límite, más allá de lo conocido, más allá de la propia vida y de la muerte. Y en la desesperación de no encontrar el camino «más allá», algunos caen en huir del «más acá», de la realidad. El diccionario define trásfuga, como la persona que huye de una parte a otra. En nuestra sociedad las adicciones son la forma preferida de escape para muchos. Y el mundo de las celebridades refleja este flagelo.

En Hollywood del siglo XXI, es cada vez más frecuente desayunar con la noticia de que una celebridad acaba de ser internada. Según el diario *New York Post*, Hollywood está sitiado por las drogas otra vez. La lista sería interminable. Pero veamos algunos casos. Robert Downey Jr., dos veces nominado al Oscar y considerado como el actor más talentoso de su generación, sufre de este problema. El protagonista de *Chaplin*, fue sentenciado a tres años de libertad condicional por posesión de cocaína y abuso de estupefacientes y uno de rehabilitación en una clínica cerrada. Los periodistas indican que, desde 1996, el actor fue detenido varias veces por causas similares. Y en uno de los análisis de orina llegaron a encontrarle un explosivo cocktail de morfina, heroína, marihuana, Valium y cocaína.[120] Eminem, el rapero que se ha convertido en el artista que más placas ha vendido en la década del 2000, reconoció haber sido un adicto a las drogas, y que ha estado cerca de la muerte a causa de una sobredosis de metadona.[121]

Hay otras estrellas cuya adicción es el alcohol. Según *ABC news*, después del estreno de la superproducción *Pearl Harbor*, el actor y guionista Ben Affleck, ganador de un Oscar, ha admitido su adicción al alcohol y ha iniciado una cura de desintoxicación. El cantante A. J. McLean, del grupo de pop Backstreet Boys, sorprendió a sus fanáticos al admitir que ingresaba en una clínica para tratar de superar sus problemas con el alcohol. James Hetfield, guitarrista del grupo Metallica, sufre de lo mismo.[122]

Otras celebridades son adictas a analgésicos, como Matthew Perry, el protagonista de la serie de TV *Friends*. El Vicodin, Percodan y Percocet son opiáceos sintéticos. Es decir, derivados del opio que se trabajan en el laboratorio. ¿Qué les produce? «Una sensación de relax, que termina convirtiéndolos en esclavos», explicó el psiquiatra especialista en adicciones Eduardo Kalina[123]. Las adicciones, lejos de dar sentido de trascendencia, de superación de límites y libertad, provocan todo lo contrario. Kalina lo explica así: «"Adicción" viene del latín *adicto*: el individuo que en la Antigua Roma era vendido cuando no podía pagar una deuda. El adicto entregaba su vida a aquel a quien le debía dinero, era su esclavo. O sea que la propia etimología de la palabra nos remite a la concepción de esclavitud. Lamentablemente —agrega el reconocido especialista en adicciones—, hay personas que empiezan a ingerir sustancias con la fantasía de tener más libertad y poder. Pero es un placer falso», explica Kalina, quien ha tratado a personajes locales como Charly García, otra víctima famosa de la adicción.

Por supuesto que ninguna de estas adicciones, ni ninguna forma de escape puede dar sentido de trascendencia. Boris Cyrulnik, el psiquiatra de la resiliencia, distingue el escapismo de las adicciones con la verdadera trascendencia diciendo: «Los drogadictos confunden la felicidad con el bienestar momentáneo. El "flash" de la droga les da una sensación de bienestar que se apaga de inmediato y los desespera, en tanto los que tienen un proyecto trascienden la realidad».

En esta búsqueda de *trascendencia* son muchos los que caen en la trampa de confundirla con *transacción*. Nuestro mundo consumista continuamente nos propone satisfacer nuestro vacío interior comprando. Toda la publicidad apunta a esto. Ya no se venden meramente mercancías, sino sensaciones que colmen necesidades interiores. Ninguna publicidad actualizada se detiene en las particularidades de la mercancía. Vicente Verdú lo explica muy bien: lo importante no es ya tanto el producto como la idea que incorpora. «Esto no es un automóvil —dice Volvo—. Es una ideología». «*Apple is no about bytes and boxes, it is about values*». Coca-Cola habla de jovialidad. Nike de malditismo, Body Shop de conciencia ecológica, White Label de culto al individuo. Apple evoca algo más que ordenadores; remite a distinción: «*think different*». Lo que importa no es la cosa sino su alma. Lo decisivo, en fin, no es el artículo sino la marca, que aspira a ser un trozo de nuestra felicidad, viene a querernos y a ser querida, a condensarse en una *lovemark*. Una marca es más que una cosa. O como se dice en los recientes libros de marketing: una *no-thing*, que se convierte por sublimación en estilo, ideología, creencia[124].

203

No son pocas las celebridades que intentan llenar sus vidas consumiendo. Victoria Beckham, según Terra, mientras paseaba por una ciudad alemana, gastó 80.000 euros en ropa, en una salida. Su esposo no le va en zaga. Según la fuente, gasta 1.000 euros mensuales en calzoncillos. La actriz Lindsay Lohan confiesa que entre sus adicciones se encuentra la de ser una compradora compulsiva, gastando fortunas en ropa y en tratamientos de belleza. La actriz Eva Longoria siente tal pasión por las joyas, que se ha gastado 570.000 euros en un conjunto para una noche de gala.[125] La lista sería interminable.

El problema del consumismo es que revela el vacío pero no puede llenarlo. Como el ser humano se siente vacío no es capaz de decidir qué es exactamente lo que quiere, y entonces se autogratifica superficialmente pero sin poder calmar su sed interior. Sergio Sinay explica que el estilo de vida consumista de nuestro tiempo exige que uno corra porque siente que necesita ganar más para poder pagar más, cubrir las cuotas de la tarjeta de crédito, para no quedarse fuera. Y muchos de esos gastos, no son gastos, sino gustos, que uno se da porque está insatisfecho. Se crean necesidades donde no las había, y los fabricantes y sus cómplices mercadotécnicos, introducen a los niños desde pequeños en el mundo del consumismo, contagiándolos del deseo de tener productos superfluos[126].

Cuando nada de este mundo te llena, es porque tu vacío se llena con algo que no es de este mundo. Cuando nadie en este mundo termina de hacerte sentir pleno, es porque tu plenitud en la vida proviene de alguien de otro mundo. ¿Quién llena ese profundo vacío interior?

¿Qué persona, cosa, logro, puede calmar nuestro deseo infinito, de manera que hallemos satisfacción y plenitud? «¿Por qué deseo lo infinito y no encuentro más que lo finito? ¿Por qué deseo lo ilimitado, la totalidad, y tan sólo encuentro fragmentos?»[127]

Frente a estas preguntas hay distintas actitudes que podemos tomar. La primera es la de la desesperación. Sentir que no hay nada que pueda llenar ese vacío. Esto conduce en muchos casos al cinismo filosófico y la amargura existencial del hombre corriente. El filósofo y ensayista rumano Émile Michel Cioran, considerado por el español Fernando Savater como uno de los más grandes pensadores, asumía esta posición. Los títulos de algunas de sus obras nos revelan su angustia: *En las cimas de la desesperación, Silogismos de la amargura, Del inconveniente de haber nacido.* En este último libro entre otras cosas, Cioran dice: «No me perdono haber nacido. Es como si al insinuarme en este mundo, hubiese profanado algún misterio, cometido una falta de gravedad sin nombre»; «no haber nacido, de sólo pensarlo, ¡qué felicidad, qué libertad, qué espacio!» No hay posibilidad de sentido, ni de trascendencia. Nada es valorable en la vida, por ende tampoco lo hay en la muerte. En un reportaje decía: «sólo se suicidan los optimistas»[128]

Jean-Paul Sartre y otros existencialistas asumen una posición alineada en esta actitud. Consideran al ser humano una pasión absurda, alguien que desea lo absoluto, mientras está condenado a vivir lo relativo, sin posibilidad alguna de trascendencia.

Una segunda posible actitud es la de las personas agnósticas. Boff define bien esta posición cuando dice que sienten el deseo del espíritu, identifican un eventual objeto de deseo, pero temen adherirse a él y acaban manteniendo la distancia. Pero hay una tercera actitud, la espiritual. La de nombrar a ese objeto de deseo: Dios. El sentido originario de la palabra Dios en sánscrito es la realidad que brilla y que ilumina. Esa realidad llena la necesidad humana caracterizada por un vacío de oscuridad y desorientación. En Dios, el ser humano puede descansar, al experimentar que se «encuentra finalmente con un Sujeto igualmente infinito, connatural con él». Dios se convierte en «el secreto de la búsqueda humana, el nombre reverente, el latido de nuestro corazón, aquel que se esconde detrás de todos los caminos, que nos conduce, finalmente y nos sustenta».[129]

En el relato bíblico de la creación, se nos dice en hebreo antiguo que la tierra estaba *tohu wa vohu*, sin forma y sin contenido. Y entonces en los siguientes días de la creación, primero Dios crea los «continentes» y luego los «contenidos». Primero, con el poder de la palabra Dios crea las aguas. Y luego le habla a las aguas y crea los peces y todo el mundo marino. Crea la tierra, y le habla a la tierra y surge el mundo vegetal. Si uno saca a los peces del agua, se mueren. Y si uno arranca los vegetales de la tierra, dejan de tener vida.

Ahora, cuando Dios creó al ser humano, no le habló ni al agua, ni a la tierra, sino que Dios se habló a Sí mismo y dijo: «Hagamos al hombre a nuestra imagen y semejanza». Cuando uno saca al ser humano de Dios, de una relación profunda con Él, también se muere, vive como muerto en vida. Como dijo Norman Coussins: «La tragedia de la vida no es la muerte, sino que nos dejamos morir por dentro mientras aún estamos vivos».

El gran escritor argentino Ernesto Sabato dice: «¿Qué ha puesto el hombre en lugar de Dios? Ya que no se ha liberado de cultos y altares. El altar permanece, pero ya no es el lugar del sacrificio y la abnegación, sino del bienestar, del culto a sí mismo, de la reverencia a los grandes dioses de la pantalla. El sentimiento de orfandad tan presente en este tiempo se debe a la caída de los valores compartidos y sagrados. Si los valores son relativos, y uno adhiere a ellos como a los reglamentos de un club deportivo, ¿cómo podrán salvarnos ante la desgracia o el infortunio? Así es como resultan tantas personas desesperadas y al borde del suicidio. Por eso la soledad se vuelve tan terrible y agobiante. En ciudades monstruosas como Buenos Aires hay millones de seres angustiados. Las plazas están llenas de hombres solitarios y, lo que es más triste aún, de jóvenes abatidos que, a menudo se juntan a tomar alcohol o a drogarse, pensando que la vida carece de sentido, hasta que, finalmente, se dicen con horror que no hay absoluto».[130]

El no poder encontrar este Absoluto, como dice Sabato, o ese Sujeto infinito que llene el deseo infinito del hombre, como dice Boff, conduce a una cuarta trampa. Confundir *trascendencia con búsqueda trasmundana*, es decir, búsqueda en religiones. Son muchas las personalidades VIP que han orientado su búsqueda de trascendencia en lo religioso. Después de tenerlo todo, y probarlo todo, y seguir con ese anhelo por lo infinito y trascendente intacto, y con el vacío interior sin llenar, no son pocos los que comprenden la naturaleza espiritual de dicha búsqueda y la orientan hacia las religiones.

Tom Cruise y su mujer Katie Holmes son devotos de la Cienciología. Andrew Morton, en la biografía no autorizada de Tom Cruise, asegura que Suri no es hija del actor, sino que fue engendrada con esperma congelado de L. Ron Hubbard, el fallecido fundador de la Iglesia de la Cienciología: «Algunos miembros de la secta creían que Katie Holmes llevaba consigo al bebé que sería la nave del espíritu de L. Ron Hubbard, para cuando éste regresara a la galaxia». John Travolta y Will Smith profesan la misma religión. Smith, sin embargo, dice que en realidad él es «aprendiz de la religión mundial». Introducidos a la religión de la secta judía Kabbalah, Demi Moore y Ashton Kutcher se unieron en matrimonio en una ceremonia acorde a esta tradición. Victoria Beckham también porta en su muñeca una pulsera roja con siete nudos, en señal de que es seguidora de la Kabbalah. Britney Spears primero confesó haber encontrado respuestas en su vida gracias a la Kabbalah, pero cuando nació su hijo Sean Preston, lo bautizó bajo el rito hindú.[131] Por su parte Keanu Reeves se volcó al budismo, aunque algunos sostienen que lo hizo para ganar millones con la venta de productos orientales.

El licenciado Victorino Kurcio explica el porqué de estas búsquedas: «Pareciera que las religiones tradicionales son rechazadas por famosos. Es cierto que las nociones de pecado y juicio final siempre resultan incómodas. Es mucho mejor optar por alguna creencia que prometa la reencarnación o que permita el ejercicio de la sodomía o la corrupción de menores sin culpa. Ellos pretenden la perpetuidad y la adoración que reciben los dioses. Es por esta razón que buscan constantemente religiones hechas a su medida». Probablemente el comentario sea extremo y algo injusto. Pero lo que sí es cierto es que son búsquedas de espiritualidad egocéntrica. La Cienciología, por ejemplo, cree que la búsqueda del hombre debe ser en sí mismo, y que la salvación depende de sí mismo. Las religiones últimamente llamadas orientalistas coinciden en esto. El problema es que toda búsqueda egocéntrica es carente de trascendencia. Porque si la trascendencia es por definición «ir más allá», centrarse en uno mismo no es otra cosa que ir en la dirección contraria, y por lo tanto, pasado la novedad, seguir tan vacíos como antes.

El problema de la búsqueda trasmundana de las religiones es que nos dejan vacíos. Porque toda religión es sólo una interpretación de la experiencia de trascendencia, pero no es la experiencia de trascendencia. El problema de las religiones, tanto las mal llamadas occidentales (cristianismo, judaísmo, islamismo también nacen en Oriente), como las orientalistas, es que siguen centradas en el individuo, y mientras el individuo esté centrado en sí, jamás podrá ir más allá de sí mismo, jamás podrá trascender y llenar el vacío, que no está fuera de él, sino dentro de él. Si la búsqueda no es engañosa, sino que es exitosa, al centrarse en sí mismo, el ser humano lo que logra es descubrir cuán vacío está, y cuán necesitado de un correlato fuera de sí, que pueda llenar dicho vacío, que sea respuesta a ese deseo infinito que está dentro de sí.

El cristianismo como religión, y no como experiencia, ha separado el cielo de la Tierra. En el cielo está Dios y ese mundo ideal y trascendente. Y aquí abajo está la inmanencia de la creación, la realidad diaria. Por medio de una mecánica de ritos, esfuerzos religiosos, méritos humanitarios, tratamos de hacer que la escalerita apoyada en nuestra inmanencia se conecte con ese mundo trascendente. El cristianismo como religión, al igual que otras religiones, es el mediador. Y los religiosos son los pontífices, es decir puentes entre un mundo y el otro. Pero como fácilmente se puede apreciar, todo lo basado en el propio hombre queda vacío, limitado, incapaz de mantener esa escalerita en el tiempo. Ahora bien, como dice Boff, todo eso es metafísica, es decir, interpretación de la experiencia, proyección humana de la experiencia de trascendencia, pero no la experiencia.

El mismo mal con manifestaciones disímiles son el resto de las religiones, en particular las llamadas orientalistas. Todo el énfasis está en buscar el dios interior. Pero si de verdad fuéramos dioses, o si dentro de nosotros hay una divinidad, capaz de suplir nuestras necesidades, ¿por qué vivimos tan carentes y vacíos? Por supuesto que resulta útil crecer en el conocimiento de uno mismo. Pero precisamente, cuando lo hacemos, somos más conscientes de nuestra limitación y sentimos más la necesidad de la trascendencia y de encontrar sentido a nuestra existencia. Las espiritualidades que no trascienden hacia Dios y hacia los demás son espiritualidades vacías, vanas, superficiales, que no experimentan la trascendencia. En definitiva, no es conexión con el totalmente Otro, ni con los otros.

La existencia es «ex-istencia», es decir, salirnos de nosotros mismos. «Ex», hacia fuera, hacia Dios, y por ende hacia los otros. Centrarnos en nosotros mismos, no es verdaderamente «ex-istir», sino «in-sistir» en nuestro propio desencanto y vanidad.

No puedo dejar de citar a Leonardo Boff, porque su tratado sobre trascendencia es revelador. El pensador brasileño dice que el criterio para saber si esa búsqueda de trascendencia en lo espiritual es buena, reside en preguntarnos «¿en qué medida tal experiencia ayuda a enriquecer y asumir la cotidianidad?»[132]. Resulta paradójico, pero al mismo tiempo sintomático, de esta búsqueda incesante e insatisfecha, la tendencia del mundo occidental por religiosidades orientalistas, mientras que los orientales se están volcando masivamente al cristianismo, no como formas estructuradas o institucionalizadas de religión, sino como experiencias de vida. En nuestra búsqueda de trascendencia debemos liberarnos de lo que el destacado teólogo Paul Tillich llamaba «el yugo de la religión». Nada es tan parecido y al mismo tiempo tan diferente entre sí como la espiritualidad y la religiosidad. Son tan parecidas como las hojas verdes y las hojas de otoño. Tienen la misma forma, pero hay una gran diferencia; unas tienen vida, mientras que las otras están secas y muertas. La religiosidad mantiene las mismas formas a través de las cuales se expresa la verdadera espiritualidad. Expresiones externas, observancia de principios y leyes, formas litúrgicas personales y comunitarias. Sin embargo, no tienen vida ni producen vida. Son solamente estereotipos de la verdadera espiritualidad, caricaturas del cristianismo auténtico.

Una espiritualidad, una fe, que nos sirva para el aquí y el ahora. En nuestro mundo altamente tecnificado, nos sentimos atrapados. Ernst Jünger, en la década del cincuenta nos hablaba proféticamente de esto y de cómo sobrevivir a la tiranía de la técnica y de las democracias mediáticas, que se han convertido en fuerzas destructoras de la individualidad. Estamos continuamente coaccionados por un mundo sin alma.[133] A la misma resistencia nos convocaba Ernesto Sabato cuando escribía: «Todavía podemos aspirar a la grandeza. Nos pido ese coraje. Todos, una y otra vez, nos doblegamos. Pero hay algo que no falla y es la convicción de que —únicamente— los valores del espíritu nos pueden salvar de este terremoto que amenaza la condición humana».[134]

Como decíamos antes, este mundo de la «*high tech*», requiere «*high touch*», es decir un contacto profundo y permanente con lo trascendente. El cristianismo, no como religión institucionalizada, sino como experiencia de vida, de relación personal y cotidiana del creyente con Jesucristo, no se limita a una trascendencia trasmundana. La experiencia con Jesucristo parte de la realidad de Dios haciéndose hombre, sufriendo las necesidades humanas, muriendo en una cruz, descendiendo a los infiernos, es decir, a esa dimensión en que estamos absolutamente solos, para decirnos que aunque pasemos por experiencias de dolor, de carencia, de infiernos, no estaremos solos, sino que Él está con nosotros[135]. Y se produce entonces el encuentro con el Trascendente, pero no en un más allá escapista, «meta-físico», sino encarnado, en nuestra realidad de todos los días, llenando nuestro ser de plenitud.

Una espiritualidad, una fe, que nos sirva para el aquí y el ahora, pero también para la eternidad. C. S. Lewis de manera hermosa habla de la eternidad en *La batalla final*, el último libro de la serie *Las crónicas de Narnia*. En los últimos párrafos, el autor inglés relata que los niños murieron. Pero que la muerte no era el final de la historia, y entonces dice: «Para nosotros, éste es el fin de todas las historias... mas para ellos fue el comienzo de la verdadera historia. La vida de ellos en este mundo... ha sido tan sólo el título y la portada: y ahora por fin comenzarán el primer capítulo de la gran historia que nadie ha leído en la Tierra y continuará por siempre, y cada capítulo es mejor que el anterior»[136]. Lo que vivimos no es el final de la historia y tu ser interior lo sabe muy bien. Porque la sed de trascendencia también es hambre de eternidad. Necesitamos experimentar que la vida no termina con la muerte, sino que esa vida plena trasciende la muerte, y la convierte en eternidad, porque dentro de cada uno hay certeza de eternidad. Siguiendo el pensamiento de Jünger, afirmamos que el deseo de eternidad forma parte de nuestra propia esencia: «De cualquier forma lo atemporal no nos es extraño. Provenimos de ello y vamos hacia ello: nos acompaña en el viaje como único equipaje que no puede ser extraviado. Arroja una sombra sobre nosotros cuando padecemos, y nos regala vida cuando nos toca su luz»[137].

El deseo de eternidad se satisface únicamente por medio de un contacto trascendente y cotidiano con el Eterno. Dios quiere también tener esa relación contigo, regalándote vida y llenándola de luz.

VIP pero no VIP
Personas Muy Importantes
pero no
Personas Muy Insatisfechas

Llegamos al final de este viaje compartido. Gracias por tu confianza y por dejarte acompañar a través de las distintas historias y por haber reflexionado juntos. No viajamos solos. Aquellos a los que la sociedad llama VIP, *Personas Muy Importantes*, nos acompañaron en la travesía, con sus experiencias de vida, la mayoría de las cuales nos hicieron ver cuánta gente VIP, *Personas Muy Insatisfechas*, hay aunque aparenten lo contrario.

Pero aunque nuestros compañeros de viaje han sido celebridades, gente muy admirada, destacada, exitosa, poderosa, millonaria, te puedo asegurar que desde antes de empezar a escribir este libro, hasta estas últimas líneas, en mi cabeza había una sola persona en mente: Tú. Y no sé si eres del grupo de las personas que nuestra sociedad llama VIP, o te consideras a ti mismo como uno más. Pero más allá de la categorización social, continuamente estuve pensando en ti, porque para mí, fuera de toda etiqueta social, de verdad eres una *Persona Muy Importante*.

Y como el tema central del libro ha sido la felicidad, al pensar en ti, estaba pensando en tu felicidad. Y fue mi pretensión ser de ayuda en tu propio viaje a convertirte en una persona plena. Si eres de las personas que no entrarías en la categoría de VIP para nuestra sociedad, espero que el libro te haya servido para ahorrar tiempo y no equivocar caminos. Abandonar definitivamente las falsas ilusiones que la sociedad nos vende, haciéndonos creer que si somos millonarios, o famosos, o exitosos, o admirados, necesariamente seremos personas felices. Las historias y los testimonios han sido más que elocuentes.

Si por el contrario, eres una persona que ha obtenido el éxito, o has logrado de los demás reconocimiento, o has conseguido amasar una fortuna, o detentas poder, o has alcanzado fama, o todo junto, espero que lo leído te haya ayudado para entender por qué teniendo lo que otros desearían tener, sin embargo sigues sin sentirte satisfecho en la vida. Pero sobre todo, y para todos, mi expectativa última es que después de algunas páginas más puedas decidirte a ser feliz. ¡Porque de lo que se trata en la vida es de ser felices! Y esto no tiene que ver con una utopía, sino con algo realizable para tu vida. Vimos que éxito y felicidad son dos carreras diferentes. Pero no se excluyen. Se puede llegar a ser feliz, sin sacrificar el éxito, ni el dinero, ni el reconocimiento, ni el logro. Por eso en el final, te quiero presentar al último grupo de compañeros de nuestro viaje. Ellos también son VIP, *Personas Muy Importantes*, pero no son VIP, *Personas Muy Insatisfechas*, sino quienes sin dejar de ser exitosos alcanzaron la felicidad.

La felicidad no tiene una sola cara. Más bien, como hemos visto a lo largo del libro, tiene diversas facetas que la componen. Es como un decaedro. La primera cara de la felicidad es poder sentirse amado y poder amar. Ese amor comienza con una vivencia espiritual que nos permite ser llenos del amor de Dios, para luego poder volcarlo hacia los demás. Bono, el carismático líder de la banda irlandesa U2, no sólo es una personalidad VIP por su música. También es alguien destacado y admirado por su compromiso social. Al menos en tres oportunidades ha sido nominado para el Premio Nobel de la Paz, y ha recibido decenas de distinciones internacionales como personalidad humanitaria. Bono le cuenta a una periodista cómo experimentó ese amor. «Yo entiendo las Escrituras concentrándome en Cristo. Él nos enseña que Dios es amor. ¿Qué quiere decir esto? En su caso, el amor ha sido revelado a través de su nacimiento en una extrema pobreza, en una condición vulnerable, indigna. Creo que Dios es el amor con mayúsculas».

No se trata de religión, sino de una relación personal con Jesucristo. Porque finalmente la mayoría de las religiones busca el bien, pero ninguna de ellas nos llena de amor. Bono reflexiona también sobre la poderosa diferencia que él encuentra entre una relación existencial personal con Cristo y las religiones: «Estoy sinceramente convencido de que hemos salido del reino del "karma" para entrar en el de la gracia. En el centro de todas las religiones está la idea del "karma". Ya sabes, todo lo que haces te vuelve a ti; ojo por ojo, diente por diente, o en física —en las leyes físicas— cada acción encuentra otra igual u opuesta. Entonces llega esta idea llamada "gracia" que acaba con todo esto. El amor de Dios interrumpe las consecuencias de tus acciones, lo que en mi caso realmente son buenas noticias porque yo he hecho muchas estupideces en esta vida. Pero tendría serios problemas si finalmente el "karma" fuese mi juez. No es que excuse mis errores, pero yo me acojo a la gracia. Me acojo a que Jesús tomó mis pecados sobre la cruz. El sentido de la muerte de Cristo es que Él tomó los pecados del mundo, de modo que lo que soltamos no vuelva a nosotros rebotado, y que nuestra naturaleza pecadora no coseche la muerte obvia. No son nuestras buenas obras las que nos abren las puertas del cielo, sino su gracia y amor»[138].

Ese amor de Dios está disponible para ser experimentado. No puede ser definido, sino que hay que vivenciarlo, probarlo, disfrutarlo.

La segunda cara de la felicidad es poder vivir con la certeza de que caminamos con la bendición paterna. Cuando podemos liberarnos de ese sentido de orfandad mediante una paternidad incondicional, afirmadora, valorizante, amorosa y perpetua. La de Dios, que está esperando que lo adoptes como Padre, Papá y Papito.

El basquetbolista David Robinson, 2,16 metros de altura, ha sido pivot y figura de los San Antonio Spurs durante catorce temporadas. «El Almirante» ha ganado prácticamente todos los premios. En 1990 fue elegido el novato del año; en 1991, el mejor rebotador; en 1992, el mejor defensa; en 1992, el mejor bloqueador; en 1994, el mejor anotador y en 1995, el jugador más valioso. Con su equipo ganó dos veces el anillo de la

NBA. Y en ocho ocasiones ha sido convocado para integrar el equipo de las estrellas de los Estados Unidos. Él nos cuenta cómo Dios llenó esa necesidad paterna: «Él es Dios, la persona más increíble de mi vida. Es la persona más maravillosa. Es mi Padre que está en el cielo, quien me ha dado todo lo que tengo». Jesús es el camino para experimentar esa paternidad incondicional, amorosa y sanadora. Esa paternidad que no puede ser reemplazada con nada, y que a menos que la experimentemos en Dios nos dejará como huérfanos. Robinson cuenta su experiencia: «Jugar bien al básquet, la fama o el dinero, son cosas que pasan. No te satisfacen realmente. Tienes que mirarte en un espejo y preguntarte ¿Quién soy yo?, ¿Qué estoy haciendo?, ¿A dónde voy? Muchas veces no tenemos respuesta para estas preguntas. Antes me sentía como vacío por dentro y me preguntaba: debe haber algo más que esto... pensaba que podía ser algo espiritual. Mi madre era cristiana, y siempre pensé que yo era cristiano porque ella lo era... yo me decía a mí mismo, creo en Dios... Pero no era suficiente. Más tarde alguien me dijo, David, ¿Quieres hacer una oración conmigo? Y yo le dije: de acuerdo. Oré y recibí a Jesús»[139]. No somos hijos de Dios por haber sido creados por Él. Eso sólo nos hace criaturas de Dios. Tampoco lo somos por haber nacido en una familia cristiana, ni por ser parte de la cultura occidental y cristiana. Somos hijos de Dios, cuando lo adoptamos a Dios como nuestro Padre, nuestra referencia y autoridad en la vida.

La tercera cara del «decaedro» de la felicidad es sentirnos aprobados en la vida. La falta de aprobación hace que vivamos continuamente bajo presión. Y vimos la espiral de la presión mal manejada: presión, represión, opresión, impresión, depresión. En lugar de expresar adecuadamente esa presión, la reprimimos. A su vez, esa presión reprimida se convierte en una fuerte opresión, que se traduce en una impresión física, enfermedades. Y la impresión física va acompañada de depresión emocional. La falta de aprobación paterna nos conduce al mal manejo de las presiones. Cuando nos volvemos a Dios, entonces podemos comenzar a manejarlas adecuadamente porque experimentamos la aprobación de Dios.

Sylvester Stallone, el actor, escritor, productor y director de cine estadounidense, ampliamente reconocido como una de las estrellas más importantes del cine de acción, se encuentra entre las personalidades VIP más populares de Hollywood desde la década de 1970. Desde poco tiempo atrás, ha empezado a desarrollar su vida espiritual, y ha comenzado a experimentar cómo la gracia y la aprobación de Dios lo liberan de las presiones: «Cuánto más me entrego al proceso de creer en Jesús y de escuchar su Palabra, Él me guía en lo que hago y siento que me libra, pues las presiones desaparecen»[140]. No sigas atemorizado por miedo a no «ser», a no «llegar». Cuando te acercas a Dios, por medio de Jesús, recibes su aprobación completa. Y entonces sientes que ya eres, ya llegaste. Tienes un Padre que desea que sientas todo su amor, valorización y aprobación.

La cuarta cara de la felicidad es poder experimentar aceptación, para aceptarnos a nosotros mismos y ofrecer aceptación a los demás. Con un padre alcohólico, sin ninguna habilidad atlética aparente y con un horrible caso de timidez, Chuck Norris, la estrella de cine y TV, no se imaginaba que algo bueno pudiera sucederle en la vida. Su popularidad se disparó al filmar junto a Bruce Lee *El furor del dragón*, cuya escena final es un memorable combate entre ambos. Y la fama se terminó de extender al protagonizar *Walker, Texas Ranger*, una popular serie de TV. Chuck Norris, cuando cuenta sus problemas de falta de aceptación, expresa: «Como mi padre nunca fue un modelo ejemplar para mí, crecí siendo extremadamente tímido, introvertido y sin aptitudes atléticas, así que tuve que vencer mis inseguridades. Fui a la escuela y nunca pasé al frente a dar alguna presentación debido a mi timidez. Cuando el maestro me decía que pasara al frente, yo meneaba la cabeza diciendo que no. Cumplí veintiún años antes de que pudiera romper con esa raíz de inseguridad y me exigiera a mí mismo hablar frente a un grupo de gente. Ciertamente, la guía de Dios fue la que me llevó a alcanzar las metas que me propuse». Y agrega: «Si uno no tiene a Jesús, uno no tiene nada»[141]. Pero cuando uno tiene una relación personal con Jesús, entonces no necesita más «medirse» para establecer su valía, sino que descubre su identidad en esa relación de amor con Dios Padre. Ya no necesitamos más autocomprobación, porque sentimos que ya estamos validados. Y cuando sabes que eres alguien para Dios, empiezas a ser alguien también para los demás, y ser un vehículo de amor y de sanidad para los que te rodean.

La quinta cara de la felicidad es tener paz interior. Juan Luis Guerra, el popular cantautor y productor musical dominicano, cuyas catorce producciones han superado los sesenta millones de copias vendidas en todo el mundo, a pesar de su éxito superlativo no era feliz, porque no tenía paz. Él mismo lo cuenta: «Aunque la música me dio muchas cosas, muchas riquezas, mucha fama, mucha gloria, mi corazón estaba muy vacío. Nada de lo que hacía me llenaba. Había algo que yo apreciaba mucho y que todos los artistas apreciamos mucho. Es el premio Grammy. Lo más que una persona puede ganar. Y dije: "Yo quiero un Grammy". Hice un álbum que merecía un Grammy. Se llamaba *Bachata Rosa*. "Si no me lo gano aquí no me lo gano nunca", dije. Y Dios permitió que me ganara el Grammy para que yo me diera cuenta de que allí no estaba la felicidad. Y realmente había ese vacío en mi corazón aun con el Grammy, con la fama, con la gloria que el mundo nos puede dar. Un día dos personas entraron en mi casa y me dijeron: "nosotros tenemos la paz que tú siempre has estado buscando y es gratis no tienes que hacer nada para conseguirla". "Y bueno, yo quiero", dije. "Si es así yo quiero eso, porque yo necesito mi tranquilidad". En ese tiempo tomaba muchas pastillas para dormir, tenía que vivir consumiendo pastillas para la ansiedad, por las giras y por todo lo que estaba viviendo, me hacían tomarlas. Ellos me dijeron: "el Señor Jesús te va a dar la paz que tú tanto quieres. Lo único que tienes que hacer es abrir tu corazón y dejar que Él entre". Y les dije que sí, que quería probar. Hicimos una oración muy sencilla. Simple y llanamente dije: "Señor, te acepto como Señor y Salvador, perdona mis pecados —porque en realidad somos todos pecadores—, lléname de tu Espíritu Santo, inscribe mi nombre en el Libro de la Vida". Eso fue todo lo que hice y el Señor tocó mi corazón de una manera increíble. Él me dio una paz que yo no podía explicar, que ni la poesía, ni la música, ni los años que estuve en Berklee, nada. Yo no podía decir qué estaba pasando, pero sí les aseguro que Él lo hizo»[142]. Jesús dijo: les dejo mi paz. No es una paz como la que el mundo da. No se trata de una paz pasajera, atada a circunstancias, sujeta a situaciones. Sino que es una paz que se mantiene aun en medio de tormentas. Una paz que no depende de lo externo, sino que nace en nuestro interior. Es la paz que viene cuando dejamos a Jesús entrar en nuestra vida.

La sexta cara del «decaedro» felicidad es tener un claro sentido en la vida. Vimos cómo el rey Salomón probó de todo, pero nada le llenaba su vacío, ni le daba significado y sentido a su vida. Lo mismo que tantas personalidades VIP. Ricardo Oliveira, el fantástico centrodelantero brasileño, ganador de un Campeonato Brasileño con el Santos; de una Liga española con el Valencia, y ganador con el mismo club de la Copa de la UEFA; ganador de una Copa del Rey, con el Betis; otra Copa UEFA con el Milan de Italia; y una Copa América, con la selección de Brasil, también probó de todo para tratar de ser feliz y encontrar el sentido a su vida: «Tenía veinte años y estaba en un momento muy difícil de mi vida. Vivía en un ambiente "raro", busqué mi felicidad en el mundo y no la encontré, hasta que un día a solas en mi habitación comencé a recordar lo que muchas personas me dijeron sobre el Señor. Oré y le dije a Dios que me hablara, y Él lo hizo, y desde ese día abrí mi corazón a Él, y es lo mejor que me ha pasado en mi vida, ese momento era el año 2000, y desde entonces mi vida tiene sentido»[143]. Al igual que Viktor Frankl, espero que llegues al mismo descubrimiento que él halló en el campo de concentración nazi, cuando lo había perdido todo. Él llegó a la conclusión de que el sentido de la vida sólo puede hallarse en una relación personal y profunda con Dios.

La séptima faceta de la felicidad es sentirnos personas libres. Experimentar libertad de todos nuestros temores y limitaciones. José Luis Lozano, campeón mundial de patín, ganador de doce medallas de oro en los campeonatos sudamericanos y cinco medallas de oro en los Juegos Panamericanos, cuenta cómo su vida fue liberada: «Cuando tenía diez años murió mi papá y crecí con un fuerte sentimiento de miedo e inseguridad. Años más tarde un amigo me invitó a una reunión donde se enseñaba de Jesús. Fue en esta reunión que conocí a Cristo como Salvador personal. Desde entonces, Él cambió el miedo y la inseguridad por un estado de paz, tranquilidad y poder»[144].

La octava cara del decaedro felicidad es dejar atrás definitivamente el pasado con sus heridas y dolores, para poder atrapar el futuro maravilloso que Dios tiene para tu vida. Ser capaces de atravesar el valle de lágrimas y dejarlo atrás. No permitir que las experiencias dolorosas del ayer nos detengan. Radamel Falcao García ha triunfado como jugador de fútbol en Argentina, en River Plate, y ahora lo está haciendo en Portugal, en el FC Porto, múltiple campeón de ese país. Es también el centrodelantero de la selección colombiana. No todo fue fácil para él, pero precisamente en medio de sus obstáculos pudo experimentar el poder de Dios. «A la Argentina, llegué con una valija con dos pares de zapatillas, un jean, y un montón de ilusiones, un montón de sueños. Cuando llegué a River, pensaba que mi objetivo estaba muy cerca. Que todas mis necesidades, las iba a poder llenar con el éxito, con la fama, con los aplausos, con el prestigio, con el dinero. Luchaba incansablemente por jugar en primera. Y a través de estos tiempos que estuve en las inferiores de River, pasé muchas dificultades. Estuve un año y medio sin poder jugar, y no entendía el porqué, pero había un para qué. Tuve dos cirugías. Y estuve a punto de volver a mi país y desistir.»

Falcao, cuando contaba esto en una reunión multitudinaria en el emblemático obelisco del centro de Buenos Aires, les dijo a decenas de miles de jóvenes: «Yo sé que hay muchos que también están por tirar la toalla. Pero no es el tiempo, porque con Cristo todo se puede. Yo estuve a punto de tirar la toalla, pero siempre que iba a la Biblia leía que tenía un Padre muy bueno que me decía: *No te dejaré, ni te abandonaré, yo te sustentaré y te levantaré*. Y ésa es la promesa que Dios tiene para nosotros. Siempre que quería volverme a mi casa, el Señor me daba más ánimo: *Esfuérzate, sé valiente, no temas, que Yo, el Señor, estoy contigo, no te dejaré*»[145]. Si estás en el valle del dolor, no te estaciones allí. Tómate de la mano de Dios y pídele que Él te saque de allí, y te entregue el futuro que tiene para ti.

La novena faceta de la felicidad que hemos tratado en este libro es poder entender que fuimos creados con un propósito único, y dedicar nuestra vida al cumplimiento de éste. En su libro *Lo que no digo cantando*, Ricardo Montaner, el cantante que lleva más de 25 millones de discos vendidos, lo explica así: «Jamás pensé que Dios me había elegido de esta manera. Nunca imaginé que mi mapa de vida pudiera dar el vuelco tan radical que dio. Soy un ejemplo viviente de lo que Dios puede hacer con una persona. Yo creo que Dios tenía un propósito para mí y me lo ha ido haciendo saber. Creo que Dios tiene bien claro hacia dónde voy, aunque yo no lo sepa exactamente. Aunque reconozco tener una visión, muy probablemente no tenga el tiempo de verla concluida. Seguramente la visión de Dios acerca de mi vida me sobrepase. Tal vez hasta sobrepase mi propia generación. Lo que te quiero decir con todo esto es que, si a mí me sucedió, a ti también te puede suceder. No importa lo que te esté pasando hoy. No importa en dónde hayas nacido, ni el número de identificación que tengas. Tampoco importa si tu mapa de vida es uno caótico o uno lleno de éxitos. No importa si heredaste una fortuna o si heredaste los mismos problemas, los mismos traumas, las mismas debilidades de tu generación anterior. Nada de eso importa porque Dios es capaz de cualquier cosa. Dios puede hacer en ti lo que ni tú mismo jamás has imaginado. Dios puede tener un plan contigo del cual ni siquiera estés enterado».

Para alguien exitoso, los cambios resultan mucho más difíciles que para aquel que no tiene otra alternativa que cambiar, porque no le ha ido bien. Pero Montaner cuenta que él pudo experimentar ese cambio, y además desafía a su público también a vivirlo: «¿Será que tengo hoy la posibilidad de darle un vuelco a mi vida y convertirme en otra persona totalmente opuesta a la que soy? ¿Será que tengo una oportunidad? ¡Sí que la tienes, como la tuve yo! Como la tiene cualquier otro. No importa si vives en un barrio pobre, si vives en una mansión colonial, tienes el mismo potencial para alcanzar lo que logré. Exactamente el mismo. No hice nada para merecerlo, pero Él me eligió a mí, como te puede estar eligiendo en este minuto que estás leyendo estas líneas».

La felicidad está en buena medida determinada por esta faceta del propósito. Saber para qué estamos en la vida, cuál es la razón de ser de nuestro existir. Saber que somos únicos, elegidos por Dios. Montaner afirma: «Tú eres un elegido también. Basta con que decidas romper con todo yugo generacional, con toda herencia infructuosa, con todo sentimiento de perdedor. Convéncete de que Dios creó un universo de posibilidades para ti y que están al alcance de tu mano siempre y cuando lo quieras».[146]

La décima cara de la felicidad que a lo largo del libro hemos compartido es que para tener una vida plena necesitamos calmar nuestra sed de trascendencia. Hay un deseo innato en todos nosotros de ir más allá. Lamentablemente, como vimos, la trascendencia se confunde con la trasgresión. Si hubo alguien en el mundo de la música contemporánea que fue considerado pionero de las trasgresiones, ha sido Alice Cooper, el músico de hard rock que lleva vendidos más de 50 millones de discos. Tomó prestado el nombre «Alice Cooper» de una hechicera del siglo XVII que murió en la caza de brujas de Salem. Aparecía en escena con maquillajes de aspecto siniestro. Sus canciones tienen letras amenazadoras. Y sus representaciones eran por demás provocadoras. Incluían ejecuciones con guillotina y sillas eléctricas o actos con enormes serpientes.

Como parte de sus actitudes irreverentes montaba sus shows cortando con un hacha muñecos que simulaban ser bebés o fileteando una dama frente a un refrigerador abierto. Pero no sólo su «ir más allá» trasgresor fue parte de su show, sino de su vida. Alice se hundía cada vez más en graves problemas de alcoholismo que afectarían negativamente su carrera, hasta llegar a ser internado en un centro psiquiátrico. Sin embargo, en recientes años, entregó su vida a Cristo, y su vida cambió. Cuando, en el año 2001, el diario británico *The Sunday Times* le preguntó cómo un rockero rebelde podía ser cristiano, Cooper dio la siguiente respuesta, diferenciando la trasgresión vacía de su vida anterior, de la actual «rebelión» trascendente: «Beber cerveza es fácil. Destrozar la habitación de un hotel es fácil. Pero ser cristiano, eso es duro. ¡Eso es una verdadera rebelión!» Y cuando habla del cambio en su vida dice: «Yo era una cosa antes. Ahora soy algo completamente nuevo. No juzguen a Alice por lo que solía ser. Alaben a Dios por lo que soy ahora».[147] Si Alice Cooper pudo cambiar, ¿quién no?

La trascendencia tampoco es «ir más allá» mediante el escapismo, como tantos experimentan, especialmente a través de las adicciones. La trascendencia verdadera nos libera, y no nos esclaviza. Así lo pudo comprobar Vico C, el famoso cantante puertorriqueño y padre del reggaeton. A causa de su adicción al alcohol y a las drogas, su vida estuvo en serio peligro. «La adicción a la heroína, la cocaína, la marihuana, y el alcohol estaban acabando con mi vida. Mi hogar y mi familia se afectaron tremendamente. Cuando uno está metido en eso, todo a su alrededor se transforma y, por más que lo quieran a uno, resulta difícil aguantar el problema». Como sucede en estos casos el proceso es progresivo, y la dependencia es creciente: «Como es lo normal, empecé fumando marihuana en el barrio, antes de ser famoso. Y les diría que pasé a la cocaína influenciado por las malas amistades que le aparecen a uno en este ambiente, pues nunca falta quien nos la ofrezca. Pero lo más grave vino después del accidente de motora que sufrí hace algunos años, cuando estaba bien *pega'o*. Entonces me recetaron un montón de medicamentos y, como estuve un tiempo sin poder cantar, caí en una gran depresión. Y, para no darle mucha cabeza al problema, decidí que lo mejor era estar anestesiado todo el tiempo.» Pero lo más grave para la vida de «el filósofo del rap», fue cuando a causa de una sobredosis casi muere. «Fue una mezcla de heroína, cocaína, pastillas y alcohol. Mi papá, Rafi Lozada, me encontró casi muerto y me revivió gritándome y dándome respiración artificial. Rápido me llevaron al hospital Hoare, en la parada 15, donde los médicos hicieron el milagro de salvarme.» Luego, en Orlando Florida, Vico C conoció la soledad en una celda de prisión. Pero estas experiencias tan traumáticas lo llevaron a entregar su vida a Cristo. Y él cuenta el resultado: «*DIOS me ha brindado otra oportunidad y estoy de nuevo en la batalla. Muy feliz con mi esposa, mis hijos y con la gente de mi nueva disquera*»[148].

Como también vimos, la sed de trascendencia no se calma con dinero, fama, poder, éxito. Guillermo Franco, el jugador de fútbol argentino-mexicano, lo sabe bien. «Lo más complicado de este ambiente es que te lleva a decir: "yo no necesito de Dios, pues lo

229

tengo todo: mujeres, fama, dinero". Pero llega un momento en la vida, cuando uno se da cuenta de que son cosas pasajeras, que tarde o temprano acabarán, y la única manera de estar completo, es teniendo a Jesús en nuestro corazón e ir caminando de la mano del Creador». Guillermo comenzó su carrera en San Lorenzo de Argentina, saliendo campeón del torneo local y de la Copa Mercosur, en el año 2001. Luego es vendido al Monterrey de México, en el que también sale campeón en el 2003. Y en el 2004 se convierte en el máximo goleador de México, y el máximo goleador de toda la historia del club en la liguilla. Se nacionaliza mexicano, y es convocado para jugar el Mundial de Alemania 2006. Luego es transferido al Villarreal de España, donde alcanza la semifinal de la Liga de Campeones de la UEFA. Y en el año 2009 sale campeón con la selección mexicana de la Copa de Oro de la CONCACAF. Actualmente milita en el West Ham United de la Premier League de Inglaterra, donde está teniendo actuaciones destacadas por la prensa y su propio técnico Gianfranco Zola, quien no escatimó elogios para el delantero mexicano. «Guille ha sido excepcional para nosotros. Nos ha dado balance. Su calidad ha sorprendido a todos, incluso a mí mismo. No para de mejorar.»

Pero este camino al éxito profesional, al reconocimiento, a la popularidad, no coincidió con una vida sencilla. «A la edad de tres años sufrí la separación de mis padres y prácticamente el abandono de mis padres. Nos fuimos a vivir a casa de mi abuela durante casi doce años, teniendo así una infancia complicada por la falta de amor paterno. Cuando cumplí catorce años, mi papá decide buscarnos, teniendo él ya otra esposa y dos hijos más, y nos invita a vivir con él, fue un tiempo bastante difícil, que me afectó emocional y espiritualmente.» Pero también relata cómo se produjo el cambio en su vida: «Se me dio la oportunidad de ir a jugar fútbol a San Lorenzo y decidí tomar parte de esa nueva aventura. Es en ese tiempo cuando se me acerca una persona y me dice: "Jesús te ama". Yo en realidad no quería saber nada, sobre todo por la infancia que había vivido, le reprochaba a Dios y le preguntaba por qué no había podido tener una vida normal como las de mis demás compañeros. Esta persona persistió, hasta el momento en que le dije que lo acompañaría sólo para complacerlo y para que no volviera a hablar más del tema. En la reunión leyeron las palabras de Jesús: *No me elegisteis vosotros a Mí, sino que Yo os elegí a vosotros.* Quedé impactado, no comprendía que Él me había escogido y que había utilizado a esa persona para que me dijera que estaba buscándome. Comencé a conocer un poco más de Dios y más tarde acepté a Jesús en mi corazón».

Leonardo Boff decía que para que una experiencia espiritual fuera verdaderamente trascendente debía servir para vivir mejor en la cotidianidad. Eso mismo es lo que vive el delantero de la selección mexicana: «El papel que juega Dios en mi vida es el más importante, porque para Él soy lo que soy y tengo lo que tengo. Para mí Dios es mi prioridad, está por encima de mi trabajo, está por encima de mi familia. Dios me dio la fortaleza para seguir luchando en esta profesión porque en ocasiones estuve a punto de abandonar todo, de irme a mi casa y decir que esto no era para mí; pero Dios en esos momentos difíciles siempre me sostuvo en su mano». Y, «el Guille» nos dice que no hay necesidad de optar entre ser feliz y ser exitoso: «Si estás tomado de la mano de Dios, en tu vida personal vas a ser una persona exitosa porque te va a ir bien donde quiera que trabajes, vas a tener una familia hermosa, te va a ir bien en tu matrimonio; Dios te asegura el éxito»[149].

La gente VIP, en un sentido, sufre más que el resto. Como dijimos, al tener sus necesidades básicas cubiertas, es más consciente de su insatisfacción, porque ya ha comprobado, a diferencia del resto, que ni el dinero, ni la fama, ni la admiración, ni el éxito profesional proveen de felicidad. Pero también sufren más, porque el éxito los lleva a desarrollar cierta autosuficiencia. En la mayoría de los casos, son personas que todo lo han ganado sobre la base de sus esfuerzos, y creen que no necesitan de Dios. Y a esto se agrega que, como han logrado mucho en la vida, tienen miedo a los cambios.

Tal vez, al leer estas palabras, te sientas identificado. Porque sientes que hay cierto temor a que si abres tu vida a Dios, te convertirás en alguien medio raro y místico, y perderás las cosas que lograste. Pero no es así. Quizás el testimonio de Kaká, el jugador de fútbol brasileño del Real Madrid, te pueda ayudar a aventurarte en desatar tu vida espiritual y empezar a tener una relación fresca, viva con Dios. «Siempre crecí con la Biblia, mis padres me enseñaron sobre la Palabra de Dios. Pero un día me separé de la experiencia de mis padres y empecé a tener una nueva experiencia personal con Dios.» Lejos de convertirlo en un místico no exitoso, su fe en Dios ha sido, según él, la base de su éxito. Y la que le dio fuerzas en medio de las dificultades para alcanzar el éxito profesional que hoy tiene: «En octubre del 2000, cuando tenía dieciocho años sufrí un accidente serio. Me resbalé en una piscina y me golpeé la cabeza, fracturándome la sexta vértebra. Fue un tiempo difícil, no sabía si podía seguir jugando al fútbol. Yo tenía dieciocho años cuando Dios me dio fuerzas y empecé a orarle con devoción a Él. Todos los doctores me dijeron que yo tuve mucha suerte ya que pude caminar, moverme y logré seguir jugando fútbol. Yo les dije: Gracias a ustedes, pero no fue suerte sino Dios enseñándome que Él tiene un propósito en mi vida a través del fútbol».

El mejor jugador según la FIFA, ganador del Balón de Oro, campeón del Mundial 2002 de Fútbol con su selección, campeón del mundo de clubes con el Milan, el tercer fichaje más caro de la historia del fútbol, 67,2 millones de euros, al explicar su sentido de plenitud en la vida, dice: «Uno de mis versículos bíblicos favoritos, es donde Dios dice: *Yo soy el camino, la verdad y la vida.* Eso significa que Dios es todo... Jesús es el camino que yo sigo. *El que cree en Dios tendrá vida en abundancia.* Ahora la felicidad y el placer provienen de Jesús. Él es el camino, la verdad y la vida. Yo no me imagino cómo sería mi vida en estos momentos sin Jesús. Todo lo que hice en mi vida, y de donde vengo es por trabajo de Dios, Dios tiene un propósito en mi vida. En algunos momentos me sorprendo de la posición en que me encuentro, pero Dios dice que Él nos da más de lo que nosotros pensamos y pedimos. Esto pasa en la vida de alguien que camina con Cristo. Yo nunca me imaginé ser el mejor jugador de fútbol.

Estoy seguro de que si no tuviera a Cristo en mi corazón, mi vida no hubiera sido así»[150].

Por eso, abandona cualquier temor o duda que te frene y atrévete a ser feliz. No pierdas más tiempo. No postergues tu felicidad, corriendo sólo detrás de más éxito. Esto es como la vieja historia de la manzana. Un antiguo rey atendía al pueblo un par de horas por día para administrar justicia. En cada audiencia se presentaba un recolector de basura. Cuando le tocaba el turno, lo único que hacía era darle una manzana de regalo al rey, y se iba. Así día tras día, el rey lo aceptaba y sin darle mucha importancia se la daba a un secretario, quien tiraba el obsequio irrelevante a una gran bóveda. Un día el rey fue a la audiencia con un monito. El recolector de basura le dio la manzana al rey y se fue. Pero esta vez el rey en lugar de darle la manzana al secretario se la dio al monito. El monito la mordió y para asombro de todos, una piedra preciosa rodó desde la manzana cayendo al piso. El rey le ordenó al secretario ir a la bóveda, y allí, en medio de restos de frutas podridas, se veían relucientes cientos de piedras preciosas.

Nosotros somos así. Corremos detrás del éxito, sin darle importancia al regalo divino que recibimos, la piedra preciosa diaria de la vida. Y creemos que es una fruta sin importancia, que podemos tirar a un lado, para correr en busca de una felicidad futura. Quiero decirte que hoy es el día de tu felicidad. No tires más manzanas, no tires nuevos días. La felicidad no es para mañana, es para hoy. De eso se trata la vida.

Tu vida es demasiado valiosa como para que sigas insatisfecho. Porque más allá de lo que la sociedad diga de ti, Dios te considera VIP, una *Persona Muy Importante* para Él. Tanto que entregó su vida por ti. Y para que tu vida pueda alcanzar plenitud espera que ahora le entregues tu vida a Él. Hay una simple pero poderosa oración, la misma que hicieron todas estas personalidades VIP que vieron sus vidas transformadas por Jesús, que también puedes hacerla tuya en este momento: «Padre Celestial, si es verdad que puedes darme una vida abundante y plena, yo te entrego mi vida. Reconozco a Jesús como mi Señor y Salvador, y te recibo en mi corazón para que dirijas el resto de mi vida. Amén».

Desata valor y camina hacia lo que Dios tiene para tu vida, de manera que además de exitoso seas alguien feliz. El escritor estadounidense best seller Alan Cohen lo describe muy bien: «Se requiere mucho valor para poder soltar todo aquello que nos es familiar y aparentemente seguro, a fin de abrazar algo nuevo. Pero no existe verdadera seguridad en aquello que ya ha dejado de tener significado. Existe mucha mayor seguridad en lo venturoso y emocionante, porque en el movimiento está la vida y en el cambio está el poder»[151]. Tal vez, las cosas que te produjeron una aparente sensación de seguridad hasta el día de hoy ya perdieron significado. Por eso vuelve al párrafo anterior y haz tuya esa oración a Dios. ¡Hay una aventura maravillosa para tu vida por delante!

NOTAS

Introducción

[1] *http://defamer.gawker.com/224794* (consultada el 3 de octubre de 2009).

[2] *www.es.wikipedia.org/wiki/VIP* (consultada el 7 de octubre de 2009).

[3] *Diccionario de la Lengua Española.* Madrid: Editorial Espasa Calpe, 2006.

[4] *Alcurnia, http://www.elpais.com/diccionarios/castellano/alcurnia.* (consultada el 10 de octubre de 2009).

[5] *Revista Time,* www.time.com/time/magazine/article/0,9171,948648,00.html- 29k (consultada el 3 noviembre de 2009).

[6] La versión en español del nombre del millonario Bruce Wayne es Bruno Díaz.

[7] Burgos López, Campo Ricardo. «¿Por qué Batman no es feliz?». *Quinta Dimensión (en línea).* Bogotá: 2002. Recuperada el 10 de octubre de 2009 de *http://www.quintadimension.com/article331.html*

[8] 20 minutos, 16 de setiembre de 2009, «Trece ganadores de la lotería que arruinaron sus vidas». *http://blogs.20minutos.es/becario/post/2009/09/16/trece-ganadores-la-loteraaa-arruinaron-sus-vidas* (consultada el 18 de octubre de 2009).

[9] «Millonarios pero infelices». *http://www.azcentral.com/lavoz/ent/articles/1122millo-CR.html* (consultada el 20 de octubre de 2009).

[10] Gómez de Silva, Guido. *Breve Diccionario Etimológico de la Lengua Española*, «*Feliz*». México: Fondo de Cultura Económica, 1995, p. 298.

[11] Carlos Abad es el conductor de los siguientes programas de TV: *Sección Salud*, Canal 13 Metro, Multicanal-Cablevisión, y *Bien Público*, Canal 21 Aire, Canal 79 Multicanal-Cablevisión, Canal 82 Telecentro (diciembre 2009).

[12] Bruckner, Pascal. *La euforia perpetua: sobre el deber de ser feliz*. Barcelona: Tusquets Editores, 2001, pp. 22 y ss.

[13] *Ibid.*

CAPÍTULO 1

[14] Reseña de la revista *Cablevisión* anunciando la presentación del recital de Robbie Williams, el sábado 27 de septiembre de 2004.

[15] Bauman, Zygmunt. *Amor Líquido. Acerca de la fragilidad de los vínculos humanos*. Buenos Aires: Fondo de Cultura Económica, 2005, pp. 8-9.

[16] Verdú, Vicente. *El estilo del mundo. La vida en el capitalismo de ficción*. Barcelona: Anagrama, 2003, p. 171.

[17] «Nuevas fotos de las chicas Berlusconi». *Página/12 (en línea)*. Junio 2009. Recuperado el 10 de octubre de 2009 de *http://www.pagina12.com.ar/diario/elmundo/4-126958-2009-06-20.html*

[18] Bauman, Zigmunt. *Op. cit.*, pp. 9-10.

[19] «Son ricos, son famosos... pero su vida amorosa es un desastre», *http://www.noticiasdot.com/publicaciones/2006/0306/2503/stilo/stilo_250306-06.htm* (consultada el 3 de noviembre de 2009).

[20] Murad, Howard. «Nuestra cultura nos pone bajo una situación de estrés». *Para ti online*. Noviembre de 2006. Recuperado el 4 de diciembre de 2009 de http://*www.parati.com.ar/nota.php?ID=8649*.

[21] Bauman, Zigmunt. *Op. cit.*, p. 20.

[22] Sabina, Joaquín. «Cómo decirte, cómo contarte». *Joaquín Sabina y Viceversa*. Madrid: Columbia Records,1986.

[23] Arjona, Ricardo. "Dime que no". *Quien dijo ayer*. Sony-BMG, 2007.

[24] *Ibid.*

[25] Grus, Ricardo. *Historias del corazón. Caminos hacia el infarto*. Buenos Aires: Libros del Zorzal, 2009, p. 13.

[26] Covey, Stephen R. *Los 7 hábitos de la gente altamente efectiva*. Buenos Aires: Paidós, 1997, pp. 328-329.

CAPÍTULO 2

[27] En inglés ella dijo: *I'm always putting a lot of pressure on myself*. Se trata de un juego de palabras, ya que *putting* es el nombre del último golpe que en golf se da para que la pelota ingrese al hoyo. Pero también significa, en este caso, poner presión sobre sí misma.

[28] Brinkbäumer, Klaus. «Las confesiones de Andre Agassi». *Der Spiegel online*. Noviembre 2009. Recuperado el 15 de diciembre de 2009 de: *http://latercera.com/contenido/728_200752_9.shtml*.

El mismo artículo ha sido traducido y reproducido por varios medios, entre ellos el diario *La Tercera*, de México.

[29] Duque Naranjo, Lisandro. «Perfeccionismo artístico». *Centro Virtual Cervantes*. Septiembre 2001. *http://cvc.cervantes. es/el_rinconete/anteriores/septiembre_01/07092001_02.htm.* (consultada el 12 de diciembre de 2009).

[30] Sánchez, Carlos Manuel. «En primer plano». *XL Semanal*. Abril 2007, número 1017. Recuperado el 7 de noviembre de 2009 de *http://xlsemanal.finanzas.com/web/articulo.php?id= 15417&id_edicion=1987&salto_pagina=1.*

[31] «Mafalda: me duelen miz piez». *http://lanueradelapolitica. lacoctelera.net/post/2009/06/08/mafalda-me-duelen-miz-piez* (consultada el 8 de diciembre de 2009).

[32] Urbina, Sebastián. «Postergadores: las razones de dejar todo para el último minuto». *http://manuelgross.bligoo.com/ content/view/418123/Procrastinacion-y-procrastinadores-Causas -y-efectos.html#content-top* (consultada el 18 de noviembre de 2009).

[33] «Correr riesgos», *http://www.univision.com/content/content. jhtml?chid=6&schid=7501&secid=1392&cid=2223711&page num=2* (consultada el 24 de octubre de 2009).

[34] Garrahan, Matthew. «James Cameron, el rompe taquillas». *El Cronista (en línea)*. 2007. Recuperado el 12 de diciembre de 2009 de *http://www.cronista.com/notas/216573 -james-cameron-el-rompe-taquillas.*

[35] «Su huella en la historia», *http://suhuellaenlahistoria. blogspot.com/2009/11/maria-callas.html* (consultada el 17 de octubre de 2009).

[36] Naisbitt, John. *Megatrends 2000. Ten New Directions for the 1990s.* Nueva York: William & Morrow Company, Inc., 1990.

[37] «Karen Carpenter». *http://es.wikipedia.org/wiki/Karen_Carpenter* (consultada el 5 de diciembre de 2009).

[38] *Las Noticias México* (en línea). Recuperado el 23 de noviembre de 2009 de *http://www.lasnoticiasmexico.com/117944.html.*

[39] «Fotos e historias de famosas que sufren anorexia y bulimia». *Todo Ana y Mia* (en línea). Recuperado el 7 de diciembre de 2009 de *http://www.todoanaymia.com/famosas.html.*

[40] «Proponen identificar fotografías retocadas en Francia». *http://laradioenmexico.com/proponen-identificar-fotografias-retocadas-en-francia/* (consultada el 20 de diciembre de 2009).

[41] Ajmat, Silvina. «Realitys o ficción, la cirugía estética suma adictos en la TV». *La Nación digital.* Octubre 2009. Recuperado el 13 de diciembre de 2009 de *http://www.lanacion.com.ar/nota.asp?nota_id=1180719.*

[42] «Mancini estuvo en coma por una cirugía», *La Nación digital.* Octubre 1996. Recuperado el 14 de diciembre de 2009 de *http://www.lanacion.com.ar/nota.asp?nota_id= 169392.*

[43] Luzar, Maricruz. «Piazza: Solange era perfecta, lo que hizo fue una estupidez». *La Nación digital.* Noviembre 2009. Recuperado el 28 de noviembre de 2009 de *http://www.lanacion.com.ar/nota.asp?nota_id=1206033.*

[44] «Actores y compañía». *Clarín Digital.* Diciembre 1996. Recuperado el 19 de diciembre de 2009 de *http://www.clarin.com/diario/96/12/01/c-01295d.htm.*

[45] Sivak, Roberto. «Verano y autoimagen: ¿estoy nominado?». *La Nación digital.* Octubre 2009. Recuperado el 28 de

octubre de 2009 de *http://www.lanacion.com.ar/nota.asp? nota_id=1180717.*

[46] «Tengo anorexia y bulimia pero no quiero curarme», *http: //abmenos.blogspot.com/2008/10/tengo-anorexia-y-bulimia-pero-no-quiero.html* (consultada el 20 de octubre de 2009).

[47] «Fotos e historias de famosas que sufren anorexia y bulimia», *idem.*

[48] Wagner, Maurice. *La sensación de ser alguien.* Miami: Caribe, 1977.

[49] Vázquez, Oscar. «Carencia de aceptación». *Elpsitio digital.* Mayo 2007. Recuperado el 21 de diciembre de 2009 de *http: //www.elpsitio.com.ar/Noticias/NoticiaMuestra.asp?Id=1693.*

[50] Lohan, Lindsay. «Mi padre es un lunático». *Twitter.* Noviembre 2009. Recuperado el 10 de noviembre de 2009 de *http://www.noticiascadadia.com/noticia/21795-lindsay-lohan-mi-padre-es-un-lunatico.*

CAPÍTULO 4

[51] «Niños: menos competición y más juego», *http://porelarco deltriunfo.blogspot.com/2007_04_01_archive.html* (consultada el 8 de diciembre de 2009).

[52] «Mary Pierce». *http://es.wikipedia.org/wiki/Mary_Pierce* (consultada el 10 de diciembre de 2009).

[53] Bernardi, Alfredo. «Capriati: Un pasado oscuro, un rumbo nuevo». *La Nación digital.* Septiembre 1999. Recuperado el 11 de diciembre de 2009 de *http://www.lanacion.com. ar/nota.asp?nota_id=152474.*

[54] «Martina Navratilova». *Educar* (en línea). *http://www.educar.org/Educacionfisicaydeportiva/tenis/biografias/martinanavratilova/index.asp* (consultada el 29 de octubre de 2009).

[55] Tournier, Paul. *Violencia y poder.* Barcelona: Clie, 1999, p. 189.

[56] Sinay, Sergio. *La sociedad de los hijos huérfanos. Cuando padres y madres abandonan sus responsabilidades y funciones.* Buenos Aires: Ediciones B, 2007.

[57] «Cuando las luces se tiñen de sombras». *Diario Los Andes online.* 17 septiembre 2001. Recuperado el 10 de noviembre de 2009 de *http://www.losandes.com.ar/notas/2001/9/17/estilo-22393.asp.*

[58] Sabir, Giga I.; Helge, Hoel y Cooper, Cary L. *Violence and stress at work in the postal sector.* Documento de trabajo del Programa de Actividades Sectoriales, WP 200, Ginebra, 2003.

[59] «Medios de comunicación: Violencia y estrés en el lugar de trabajo», *Organización Internacional del Trabajo.* Recuperado el 2 de diciembre de 2009 de *http://www.ilo.org/public/spanish/dialogue/sector/themes/violence/media.htm.*

[60] Murad, Howard. «Entrevistas». *Para Ti online.* Noviembre 2006. Recuperado el 12 de noviembre de 2009 de *http://www.parati.com.ar/nota.php?ID=8649.*

[61] Díaz, Raúl. «Robert Pattinson sufre estrés por las excesivas fans estadounidenses». *El multicine* (en línea). Julio 2009. Recuperado el 16 de noviembre de 2009 de *http://www.elmulticine.com/gente2.php?orden=19918.*

[62] *Terra.* Octubre 2009. Recuperado el 10 de diciembre de 2009 de *http://mujer.terra.es/muj/articulo/html/mu236161.htm.*

CAPÍTULO 5

[63] *Diario Los Andes. Op. cit.*

[64] *Idem.*

[65] «Obama ha envejecido más de dos años a causa del estrés de la campaña electoral». *La Vanguardia digital.* 7 de noviembre de 2009. Recuperado el 20 de noviembre de 2009 de *http://www.lavanguardia.es/premium/publica/publica?COMP ID=53575064855&ID_PAGINA=22088&ID_FORMATO=9& PAGINACIO=1&TEXT.*

[66] Shapira, Valeria. «El estrés es una grave amenaza para la salud de los políticos». *La Nación Online.* 17 de junio de 2001. Recuperado el 12 de diciembre de 2009 de *http://www. lanacion.com.ar/nota.asp?nota_id=313351.*

[67] Mateo, Juan José. «El sablista estresado». *El país digital.* 9 de marzo de 2008. Recuperado el 3 de diciembre de 2009 de *http://www.elpais.com/articulo/deportes/sablista/estresado/ elpepidep/20080309elpepidep_9/Tes.*

[68] Purto, Mauricio. «Del estrés a la enfermedad». *http://www. cumbresdelmundo.cl/index2.php?option=com_content&do_p df=1&id=115* (consultada el 4 de diciembre de 2009).

[69] «Investigan muertes de futbolistas». *La Nación digital.* 6 de enero de 2001. Recuperado el 20 de noviembre de 2009 de *http://www.lanacion.com.ar/nota.asp?nota_id=47405.*

[70] «Cappa explicó en su blog por qué se quedó en Huracán». *Deporpe* (en línea). 12 de noviembre de 2009. Recuperado el 30 de noviembre de 2009 de *http://depor.pe/noticia/368031/ cappa-explico-que-se-quedo-huracan.*

[71] Chirivella, Enrique Cantón. «Motivación del Deportista». *Todo natación.* 2007. *http://www.todonatacion.com/psicologia/*

motivacion-emocion.php. (consultada el 19 de noviembre de 2009).

[72] «El adiós de Safín». *http://www.canichetenis.com.ar/index. php/2009/11/19/el-adios-de-safin* (consultada el 23 de noviembre de 2009).

[73] «Guillermo Vilas». *http://es.wikipedia.org/wiki/Guillermo_ Vilas* (consultada el 22 de diciembre de 2009).

[74] Mansilla Izquierdo, Fernando. «Estrés laboral». *Psicología Online*. Recuperado el 20 de octubre de 2009 de *http://www. psicologia-online.com/ebooks/riesgos/capitulo3_4.shtml*.

[75] «Rutina, estrés y prevención». *http://www.modaenlaweb. com.ar/salud-todo-mujer/rutinas,estres-y-prevencion.htm* (consultada el 2 de noviembre de 2009).

[76] Jusid, Ana. «Coartada para las tragedias». *Clarín digital*. 29 de marzo de 2003. Recuperado el 20 de noviembre de 2009 de *http://www.clarin.com/suplementos/zona/2003/06/29/ z-00701.htm*.

[77] Los creyentes se preocupan menos que los agnósticos», marzo 2009. *http://www.subdivx.com/X12X5X66212X0X0X4X- los- creyentes-se-preocupan-menos-que-los-agnosticos.html* (consultada el 10 de noviembre de 2009).

[78] Shapira, Valeria. *Op. cit.*

CAPÍTULO 6

[79] Sabina, Joaquín. *Op. cit.*

[80] «Tanguito». *http://es.wikipedia.org/wiki/Tanguito* (consultada el 11 de noviembre de 2009).

[81] González Lara, Mauricio. «Workaholic, espécimen insoportable», *HSM Global*. *http://mx.hsmglobal.com/notas/37259-*

workaholic-especimen-insoportable (consultada el 11 de noviembre de 2009).

[82] «Kristen Stewart siente pena por Robert». Recuperado el 12 de noviembre de 2009 de *http://zonafanstv.blogspot.com/2009/11/kristen-stewart-siente-pena-por-robert.html*.

[83] Ralston Saul, John. *La civilización inconsciente*. Barcelona: Anagrama, 1997, p. 12.

[84] Citado por Gabriel Gutiérrez Javán, «*La búsqueda de estatus como causa social de migración rural a los Estados Unidos: el caso de los jóvenes del valle del mezquital en el estado de Hidalgo, México*», *http://lanic.utexas.edu/project/etext/llilas/ilassa/2009/gutierrez.pdf*

[85] *http://www.cambio.com.co/sexocambio/768/ARTICULO-WEB-NOTA_INTERIOR_CAMBIO-4018072.html* (consultada el 11 de noviembre de 2009).

[86] Grün, Anselm. *Armonía interior. Un camino posible*. Buenos Aires: Bonum, 2001, p. 5.

[87] Citado por Ravi Zacharias, *Can Man Live Without God?* Nashville: Word Publishing, 1994, p. 59.

CAPÍTULO 7

[88] Julien, Nadia. *Enciclopedia de Mitos*. Barcelona: Robinbook, 1997, p. 168.

[89] Virno, Paolo. *Virtuosismo y revolución. La acción política en la era del desencanto*. Madrid: Traficantes de Sueños, 2003.

[90] Letra de García Montero, Luis; música de Sabina, Joaquín; Varona, Pancho y García de Diego, Antonio. «Nube negra», *Alivio de Luto*, Buenos Aires: Sony-BMG, 2005.

[91] «¿A qué tienen miedo los famosos?» *http://www.blogdelos famosos.com/2009/06/fobias-de-famosos* (consultada el 2 de diciembre de 2009).

[92] Rosenhan, David. «Acerca de estar sano en un medio enfermo». 1973. *http://www.psiquiatria.dep7.san.gva.es/Revisiones %20bibliogr%C3%A1ficas%202005/ACERCA%20DE%20ES TAR%20SANO%20EN%20UN%20MEDIO%20ENFERMO. ppt* (consultada el 2 de diciembre de 2009).

[93] Baker, Dan y Stauth, Cameron. *Lo que sabe la gente feliz.* Barcelona: Urano, 2004, p. 34 y ss.

[94] Pordominsky, Shirley. «¿Falta de tiempo o adicto a la adrenalina?» *Gestiópolis.* Abril 2004. *http://www.gestiopolis.com/ canales3/emp/tieadren.htm* (consultada el 17 de enero de 2009).

CAPÍTULO 8

[95] «El argentino Coria anuncia su retirada del tenis». *Ecodiario.* 29 de abril de 2009. Recuperado el 22 de noviembre de 2009 de *http://ecodiario.eleconomista.es/tenis/noticias/ 1203865/04/09/El-argentino-Coria-anuncia-su-retirada-del-tenis.html.*

[96] *http://chinoko.blogspot.com/2007/02/michael-jordan-y-sus-frases.html.* (página consultada el 22 de noviembre de 2009).

[97] Socorro, Félix. «La Teoría del Saltamontes: Cómo cambiar de empleo con éxito». Octubre 2005. Recuperado el 22 de noviembre de 2009 de *http://www.degerencia.com/articulo/ la_teoria_del_saltamontes_como_cambiar_de_empleo_con_ exito.*

[98] *http://mjhideout.com/forum/opinion-y-debate/94587-que-que-nunca-superar.html. Junio 2009* (página consultada el 10 de diciembre de 2009).

[99] Citado por Philip Kotler. *Op. cit.*, p. 155.

[100] *http://www.biografias.es/famosos/kurt-cobain.html* (página consultada el 18 de noviembre de 2009).

[101] Melillo, Aldo. «Sobre Resiliencia. El pensamiento de Boris Cyrulnik», *http://www.redsistemica.com.ar/melillo.htm* (consultada el 19 de noviembre de 2009).

[102] «Van Gogh». 2002. *http://www.literaberinto.com/pintura/vangogh.htm* (consultada el 1 de diciembre de 2009).

[103] «Se suicida actriz Lucy Gordon». *People en español (en línea)*. 21 mayo 2009. Recuperado el 1 de diciembre de 2009 de *http://www.peopleenespanol.com/pespanol/articles/0,22490,1900372,00.html*.

[104] «Gary Coleman», *http://es.wikipedia.org/wiki/Gary_Coleman*. (consultada el 2 de diciembre de 2009).

[105] «Mike Tyson: del ring al set». *Radio Rivadavia blog*. 14 de agosto de 2009. *http://www.rivadavia.com.ar/blog/index.html&id=20927* (consultada el 2 de diciembre de 2009).

[106] Amón, Rubén. «Entrevista a Boris Cyrulnik: la felicidad no es lo opuesto al dolor». Mayo 2009. *http://www.centrodepsicologia. org/_articulo296_enesp.htm* (consultada el 3 de diciembre de 2009).

CAPÍTULO 9

[107] «Las confesiones de André Agassi». *Op. cit.*

[108] Heath, Chris. «Sangre, Azúcar, Sexo, Magia». *Rolling*

Stone. Enero 2001. *www.rollingstone.com.ar/archivo/Nota. asp?nota_id=583424* (consultada el 3 de diciembre de 2009).

[109] «Buffon estuvo en las redes de la depresión». *La prensa hn.* 15 de noviembre de 2008. Recuperado el 3 de diciembre de 2009 de *http://www.laprensahn.com/Deportes/Ediciones/ 2008/11/16/Noticias/Buffon-estuvo-en-las-redes-de-la-depresion.*

[110] Blázquez, Eladia. «Honrar la vida». *Eladia*. Buenos Aires: EMI, 1981.

[111] «Patch Adams» (*http://es.wikipedia.org/wiki/Patch_Adams*) (consultada el 12 de diciembre de 2009).

[112] Discurso de Martin Luther King: «*I've been to the Mountain Top*», *http://exiliointerior-linzhe-trabajos.blogspot.com/ 2008/05/malcolm-x-y-martin-luther-king.html* (consultada el 12 de diciembre de 2009).

[113] Gil, Miguel. *Época*. 23 de octubre de 2003. *http://www. encyclopedia.com/doc/1G1-110471699.html* (consultada el 12 de diciembre de 2009).

[114] *http://www.schweitzer.org/spain/assind.htm* (consultada el 13 de diciembre de 2009).

[115] Socías Casquero, Paloma. «Johann Sebastian Bach: Muerto, sigue hablando». *Revista Filomúsica*. Febrero 2002, N° 25. Recuperado el 12 de diciembre de 2009 de *http://www. filomusica.com/filo25/paloma.html*.

[116] «La tarta», cuento de Verónica Pérez Traviezo. *http:// mundodu.net/* (consultada el 3 de diciembre de 2009).

[117] Torrance, Robert M. *La búsqueda espiritual. La trascendencia en el mito, la religión y la ciencia*. Madrid: Siruela, 2006.

[118] Boff, Leonardo. *Tiempo de Trascendencia*. Santander: Sal Terrae, 2002, p. 63.

[119] *Idem*, p. 59.

[120] *http://www.123people.com/s/alan+nierob* (página consultada el 12 de diciembre de 2009).

[121] *Diario alemán Bild* (en línea versión inglesa). Recuperado el 4 de diciembre de 2009 de *www.bild.de/Bild/news/bild-english/celebrity-gossip/2009/05/05/eminem-reveals-battle-against-drugs/rapper-i-nearly-died-front-methadone-overdose.html*.

[122] Perteneciente a Walt Disney Company, *http://abcnews.go.com/Entertainment/story?id=103228&page=1* (consultada el 11 de diciembre de 2009).

[123] *Diario Los Andes. Op. cit.*

[124] Verdú, Vicente. *El estilo del mundo. Op. cit.*, pp. 123-124.

[125] Recuperado el 11 de diciembre de 2009 de http:/ *www.terra.com.co/mujer/, www.nosotras.com/tags/lindsay-lohan.htm* y *www.nosotras.com/tags/evalongoria.htm*.

[126] Sinay, Sergio. *Conectados al vacío. La soledad colectiva en la sociedad virtual.* Buenos Aires: Ediciones B, 2008, p. 119.

[127] Boff, Leonardo. *Op. cit.*, p. 69.

[128] Reportaje a Émile Michel Cioran: «Sólo se suicidan los optimistas», por Amparo Osorio y Gonzalo Márquez Cristo, Ediciones Gamma, 2000.

[129] *Idem*, pp. 70-73.

[130] Sabato, Ernesto. *La resistencia.* Buenos Aires: Planeta, Booket, 2006, pp. 60-61.

[131] *www.entretenimiento.aol.com/celebridades/*galerías/religion-de-los-famosos (consultada el 12 de diciembre de 2009).

[132] Boff, Leonardo. *Op. cit.*, p. 58.

[133] Jünger, Ernst. *La Emboscadura*. Barcelona: Tusquets Editores, 2002.

[134] Sabato, Ernesto. *Op. cit.*, p.13.

[135] Boff, Leonardo. *Op. cit.*, p. 79.

[136] Lewis, C. S. *The Last Battle*. Nueva York: Collier Books, 1970, p. 184.

[137] Jünger, Ernst. «Metamorfosis: Un pronóstico para el siglo XXI». *Revista Philosophica* N° 26 (2003). Valparaíso: Instituto de Filosofía Pontificia Universidad Católica.

CONCLUSIÓN

[138] Assayas, Michka. *Bono on Bono*. Londres: Hodder & Stoughton, 2005.

[139] «David Robinson, jugador de baloncesto de los San Antonio Spurs». *www.insidematrix.net/enews4.php?var=85* (consultada el 11 de diciembre de 2009).

[140] «Sylvester Stallone testifica con Rocky a Cristo». *http:// www.entrecristianos.com/200910111134/Sylvester-Stallone-testifica-con-Rocky-a-Cristo* (consultada el 10 de diciembre de 2009).

[141] «Historia de Chuck Norris, actor de cine». *www.insidematrix. net/enews4.php?var=82* (consultada el 10 de diciembre de 2009).

[142] «Testimonio de Juan Luis Guerra». *http://www.clubrobot. net/guerreros/11/testimonio-de-juan-luis-guerra/* (consultada el 11 de diciembre de 2009).

[143] «Ricardo Oliveira». *http://www.atreveteavivir.es/aav/media center/entrevistas.php?id=0005* (consultada el 4 de diciembre de 2009).

[144] *Más que vencedores*, El Nuevo Testamento. El Paso: Casa Bautista de Publicaciones, 1999.

[145] «Radamel Falcao García». *http://www.youtube.com/watch?v=SK0XNovKzcQ&feature=related* (consultada el 4 de diciembre de 2009).

[146] Montaner, Ricardo. *Lo que no digo cantando*. Nashville: Grupo Nelson, 2009, pp. 33-35.

[147] *http://www.yeshuanet.com/foro-cristiano/testimonios-valiosos-testimonios-de-hermanos-y-hermanas/627-alice-cooper-un-viejo-rockero-que-se-convierte-al-cristianismo.html* (consultada el 5 de diciembre de 2009).

[148] «Vico C, su testimonio». *www.musicoscristianos.cl* (consultada el 12 de diciembre de 2009).

[149] «Testimonios: Guille Franco, Juan Luis Guerra, Thiago Splitter, Kaká y otros». *http://jesustesalvo.blogspot.com/2008/04/testimonios-guille-franco-juan-luis.html* (consultada el 12 de diciembre de 2009).

[150] «Kaká testimonio. Sub. Español». *http://www.youtube.com/watch?v=m8KbD3zjSpQ* (consultada el 12 de diciembre de 2009).

[151] Cohen, Alan. *http://thinkexist.com/quotes/alan_cohen/* (consultada el 12 de diciembre de 2009).

ÍNDICE